奎文萃珍

千字文注
百體千字文

［清］孫呂吉 注
［清］孫枝秀 編

文物出版社

圖書在版編目（CIP）數據

千字文注百體千字文 / (清) 孫吕吉注 ; (清) 孫枝秀編. -- 北京 : 文物出版社, 2024. 9. -- (奎文萃珍 / 鄧占平主編). -- ISBN 978-7-5010-8504-0

Ⅰ. H194.1

中國國家版本館CIP數據核字第2024XW4256號

奎文萃珍

千字文注　〔清〕孫吕吉　注

百體千字文　〔清〕孫枝秀　編

主　　編：鄧占平
策　　劃：尚論聰　楊麗麗
責任編輯：李子裔
責任印製：張　麗

出版發行：文物出版社
社　　址：北京市東城區東直門内北小街2號樓
郵　　編：100007
網　　址：http://www.wenwu.com
郵　　箱：wenwu1957@126.com
經　　銷：新華書店
印　　刷：藝堂印刷（天津）有限公司
開　　本：710mm × 1000mm　1/16
印　　張：12
版　　次：2024年9月第1版
印　　次：2024年9月第1次印刷
書　　號：ISBN 978-7-5010-8504-0
定　　價：90.00圓

序言

本書含《清書千字文》一卷，清尤珍書；《千字文注》一卷，清孫呂吉注；《歷朝聖賢篆書百體千文》一卷，清孫枝秀編。

《千字文》，世傳爲蕭梁時梁武帝命周興嗣所撰，其事流傳，又有梁武帝出内府所藏王羲之所書千字令周興嗣連綴成文、周興嗣一夜撰成《千字文》而白頭等故事。由于涉及天地、人事、歷史等基礎知識，文辭平順，因此《千字文》既是古代蒙書中影響最大的一種，又是常被書法家書寫的經典文本。如隋僧智永所書《真草千字文》、宋徽宗所書楷書和草書《千字文》等。近代學者啓功曾作《説〈千字文〉》，考其始末甚詳。

《千字文》曾被翻譯成多種語言，伯希和《〈千字文〉考》曾提到，敦煌藏經洞出土《千字文》多本，其中有的帶有西藏文的音釋，可見《千字文》影響之廣。清人自入關前，即對將漢文通俗讀物翻譯爲滿文頗爲上心，自《三字經》《百家姓》《千字文》直至《三國演義》等書，均有滿文譯本。而《千字文》由于其包羅廣泛，兼具識字教材的特性，因而其滿文譯本亦成爲學習漢文或滿文的初階教材。目前傳世的滿文《千字文》，不僅有滿文與漢文兩相對照的《滿漢合璧千字文》，還有在滿漢文之外附注蒙文的《新譯蒙漢千字文》，可見《千字文》在語言學習方面亦爲重要的啓蒙教材。本次影印的《清書千字文》，卷端有漢字題名『翰林院編修尤珍書』。尤珍，字謹庸，號滄湄，江蘇長洲人，康熙二十年（一六八一）進士，官至右春坊右贊善，有《滄湄詩鈔》《滄湄別稿》傳世，《清史列傳》有傳。清初規定，翰林院庶吉士必兼通滿文，故尤珍雖出身江南士族，其滿文書寫亦清朗美觀。

《千字文》言簡意足，爲之注解者代不乏人。《隋書·經籍志》即載有《千字文》蕭子雲、胡肅兩種注本。《日本國見在書目》亦載李暹、丁覘等人注本。明清兩代，《千字文》仍多被用作蒙書，因而注本亦多。清代最爲流行的《千字文》注本，當屬汪嘯尹、孫謙益的注本。此書所收《千字文注》，卷端題『武林孫吕吉謙益氏參注』，知亦爲汪嘯尹、孫謙益一系注本。此本將《千字文》分爲五章，但第五章僅『謂語助者，焉哉乎也』一句，因此實際是將《千字文》分爲四章：第一章自『天地玄黄』至『賴及萬方』，主題爲天地人之道；第二章自『蓋此身髮』至『好爵自縻』，主題爲君子修身之道；第三章自『都邑華夏』至『岩岫杳冥』，主題爲歷代京都；第四章自『治本于農』至『愚蒙等誚』，主題爲君子處于下位之處身治家之道。其注文詳盡通俗，極便初學。

《千字文》除蒙書屬性外，因其用字均不重複，所以又常成爲書法的範本。智永《真草千字文》以楷書、草書二體書寫，并字字相對；傳趙孟頫所書《六體千字文》，更是以楷、草、篆、隸、鐘鼎、章草書寫。這些多體書寫的《千字文》，顯然有書法典範或書法字典的意味。晚明以來，各種藝術字性質的雜體書盛行，如崇禎年間編刻有《三十二篆體金剛經》。此書收録的《百體千字文》，即屬這類藝術字之彙編。孫枝秀在自序中謂輯成《百體千文》後，在康熙南巡時曾以此書進呈，獲得了當時權臣索額圖的關注，説明此書當刻于康熙時。書前亦有徐乾學、尤侗等序，可見孫枝秀爲一時善于交通之士。孫枝秀自序後，開列有所謂『百體』，有『太極』『龜書』『河圖』『古文』等名目，核其内文，則爲以每種書體書寫千字文兩句，共計一百餘體。其中如大篆、鳥篆之類，淵源有自，貉尾篆、規矩文等，則純爲藝術字，可爲今日之字體藝術設計提供靈感。

上述三種屬合刻之書，觀其版刻，當在康熙年間。書寫滿文《千字文》之尤珍，爲撰序尤侗之子。或此三種均系孫枝秀所刻。今一并影印，以供讀者使用。

編者

二〇二四年六月

按史梁武帝命殷鐵石教習諸王子學書隨筆書寫千字撒亂無序時周興嗣為散騎侍郎帝曰知卿敏才纂集次韻章句成文以便觀閱興嗣一夕編就鬚髮皆白進呈御覽讚賞稱善寵錫益隆焉

溶谿曹楫識

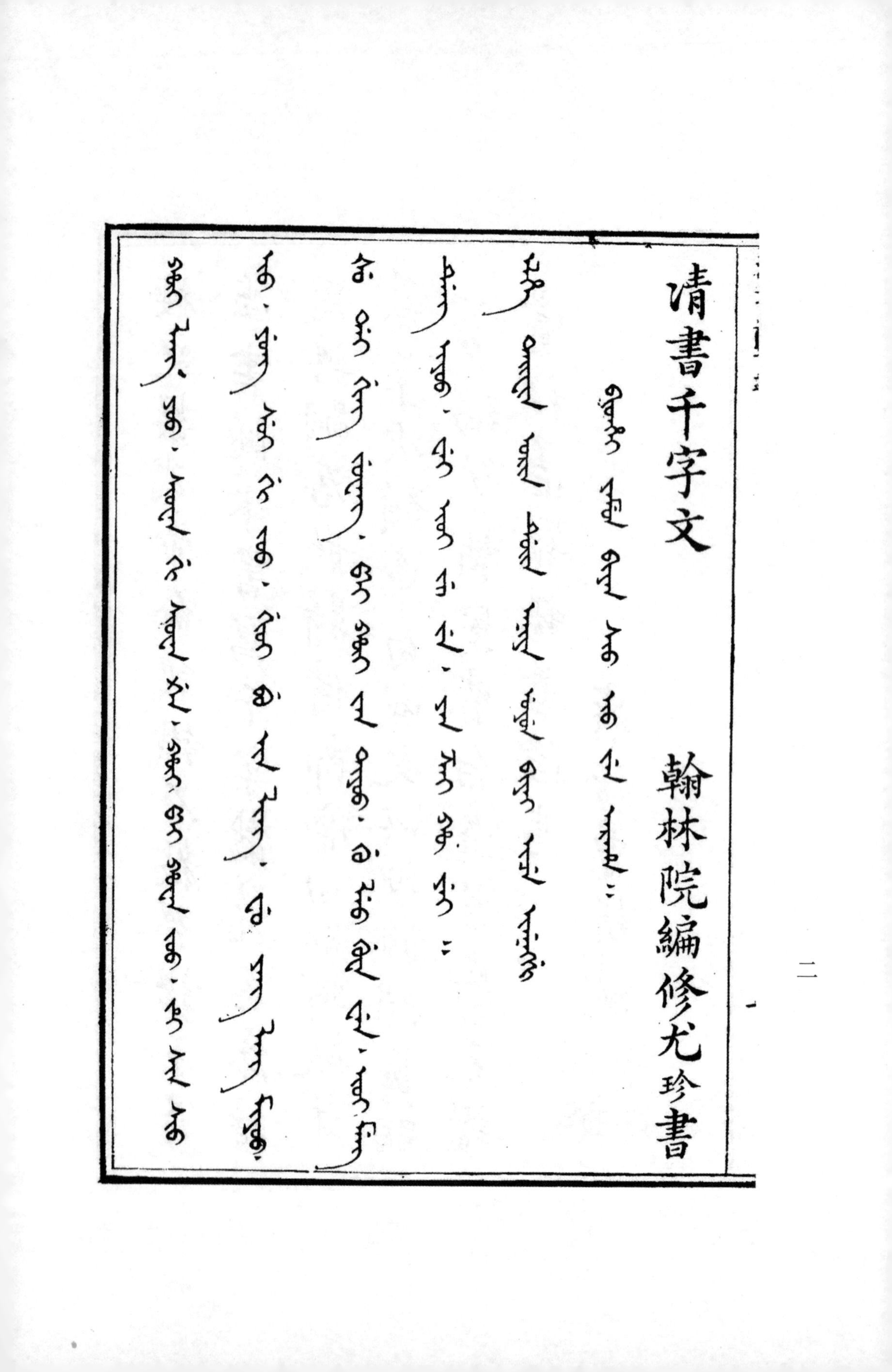

清書千字文

翰林院編修尤珍書

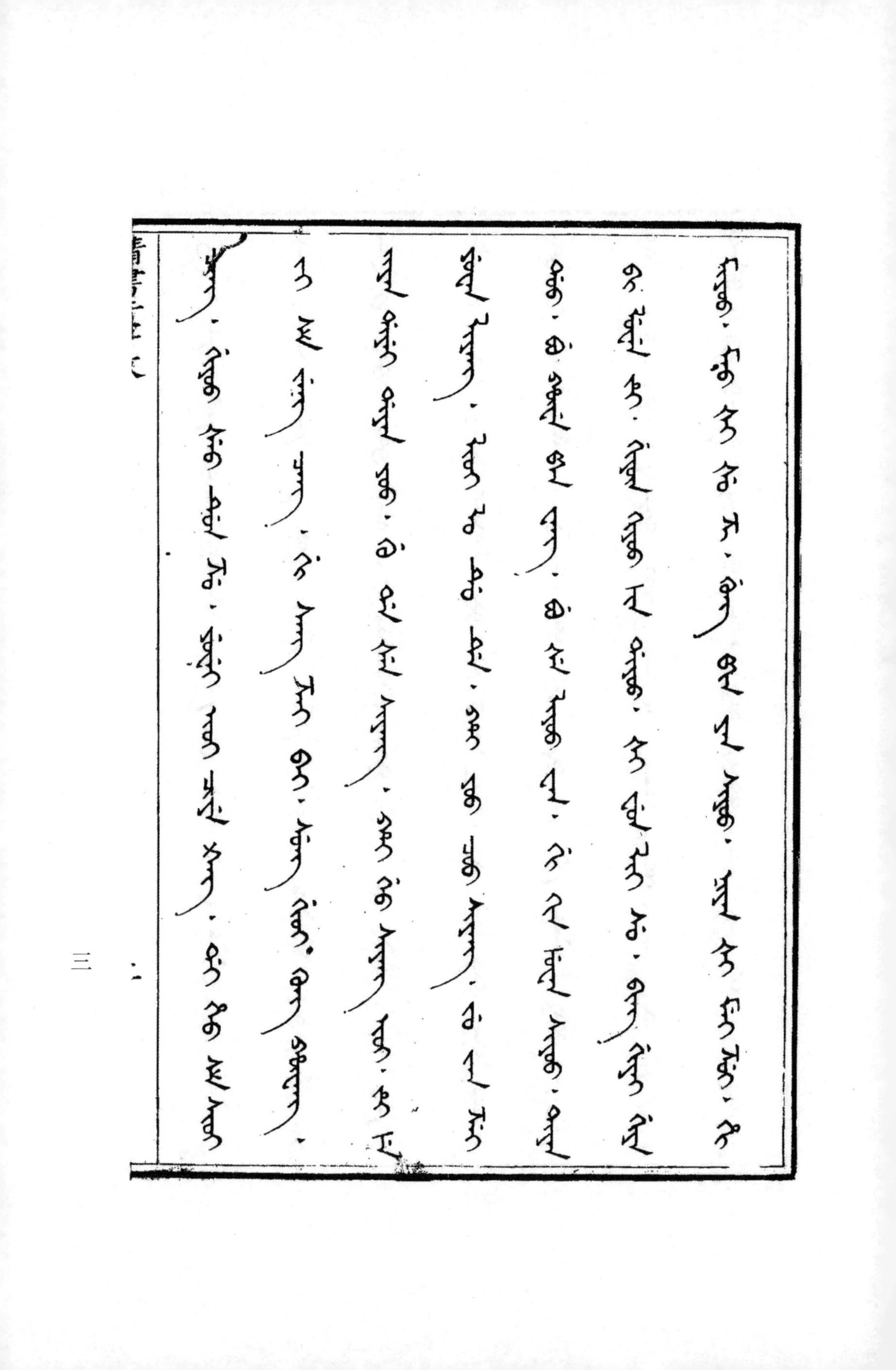

[illegible]

[illegible]

[illegible]

[illegible]

[illegible]

[illegible]

[illegible]

[illegible]

ᡤᡳᠰᡠᠨ · ᡝᠯᡝ ᠰᠠᡳᡴᠠᠨ ᠰᠠᠨᠴᡳᠪᡠᠮᠪᡳ · ᡥᡝᠰᡝ ᠪᡝ ᡨᡠᠸᠠ ᡳ · ᡤᡳᠰᡠᠨ ᠪᡝᠶᡝ ᡤᡝᠮᡠ
ᠨᡳᡴᠠᠨ ᡤᡳᠰᡠᠨ · ᡳ ᡨᡝ ᡤᡝᠨᡝᡥᡝ ᡤᡝᡵᡝ · ᡳ ᠪᡳ ᡥᡠᠸᠠᡥᠠ ᡥᡠᠸᠠᠰᠠᠨ · ᡤᡝᠮᡠ ᡨᡠᠸᠠᡵᡝ ᠵᡳ
ᠵᡳ ᠪᡝ ᡤᡠᠨᡳ · ᡨᠠᠴᡳᠮᡝ ᡤᡝᡵᡝᠮᡝ ᠵᡳ ᡨᠠᡴᠠᠨᡳᠶᠠᠨ · ᠰᠠᠩᡤᠠ ᡨᠠᠴᡳᠮᡝ ᠵᡳ ᡨᠠᡳᠨ · ᠵᡳ ᡤᡝᠮᡠ
ᡳᠯᡳ · ᠵᡳ ᠮᡝ ᡤᡠᠸᠠᠰᠠᠨ ᡨᠠᠨᡳᠶᠠᠨ · ᠪᠣᠪᡠ ᡳ ᡤᡠᠸᠠᠨ ᡨᡝᡵᡝ · ᡤᡝ ᡳᠯᡳ ᡨᡝᠮᡝ ᡨᠠᠮᡳᠶᠠᠨ · ᡨᠠᡳ
ᡨᠠᠴᡳᠮᡝ ᠪᡳ ᠰᡠᠰᠠᠨ ᠰᠠᠰᡳᠶᠠᠨ · ᠵᡳ ᡨᠠᠴᡳᠮᡝ ᡤᡝᠮᡠᡵᡝ · ᡤᡝᠮᡠ ᠯᡝ ᡳᠯᡳ ᠰᠠᡴᠠᠨ · ᡤᡝᠮᡠᡵᡝ ᠪᡳ ᡨᠠᡳ
ᠪᠣᡥᠣᡨᠣ ᡨᠣᡥᠣᠮᠣ · ᡨᠠᠴᡳᠮᡝ ᡤᡠ ᠪᡝᠶᡝ ᡨᠣᡴᠣ · ᠰᠠᡳᠰᠠᠨ ᠪᡳ ᡤᡝᡵᡝᠰᡝᠨ ᡨᠣᡥᠣᠮᠣ · ᡤᡝᠨᡝ ᠪᡝᠶᡝ ᡳᠯᡳ ᡤᡝᡵᡝ ·
ᠪᠣᡥᠣᡨᠣ · ᠪᠣᡵᡝ ᠪᡳ ᡳᠯᡳ ᡨᡝᠮᡝᡵᡝ · ᡤᡝ ᡤᡝᠮᡠᡵᡝ ᡨᡝᠮᡝ ᡤᡝᠨᡝᠮᡝ · ᡤᡝᠨᡝ ᡤᡝᠯᡝ ᡤᡝᡵᡝ ᠵᡳ · ᡨᠣ ᡤᡝ

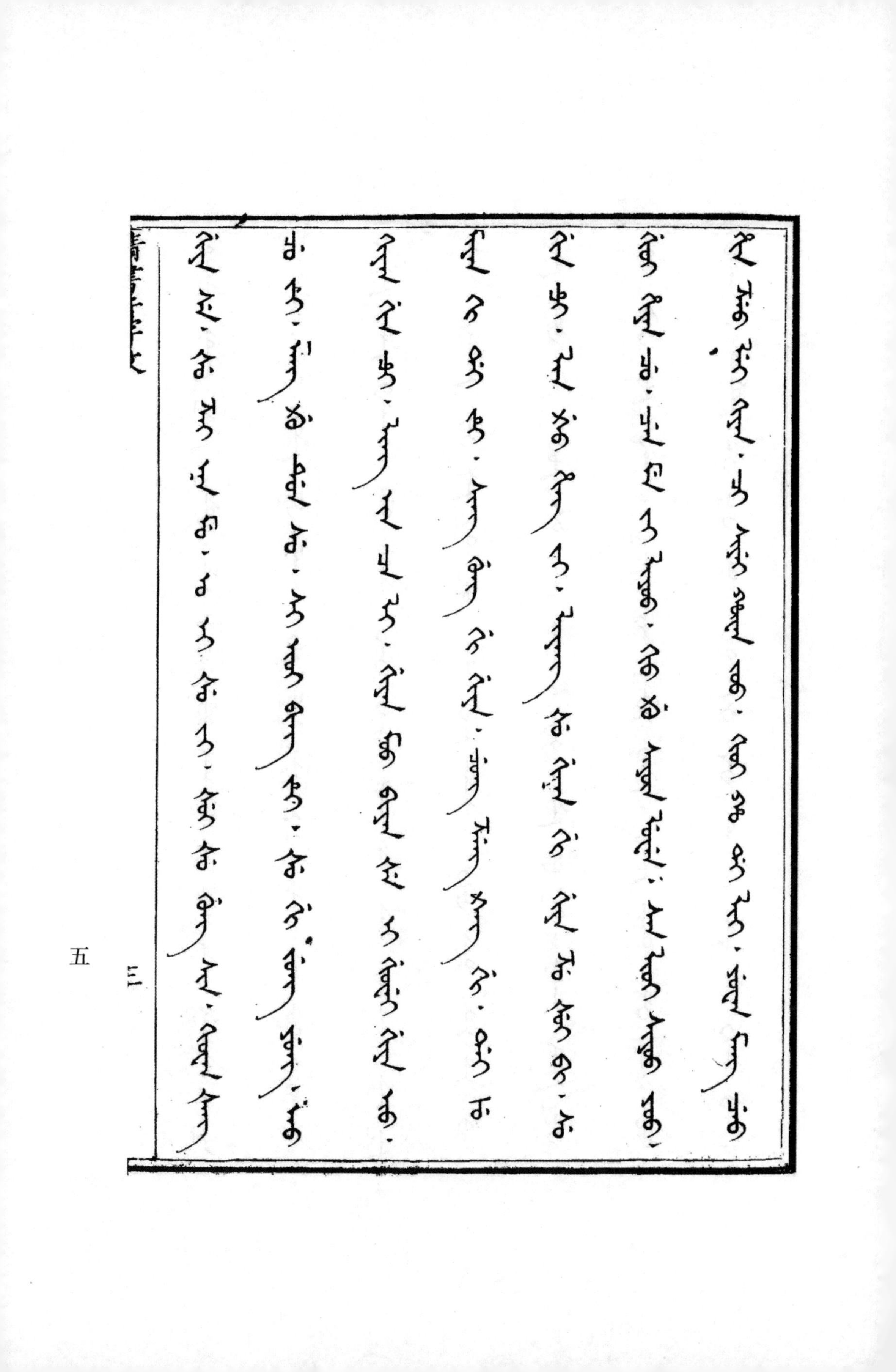

[illegible]

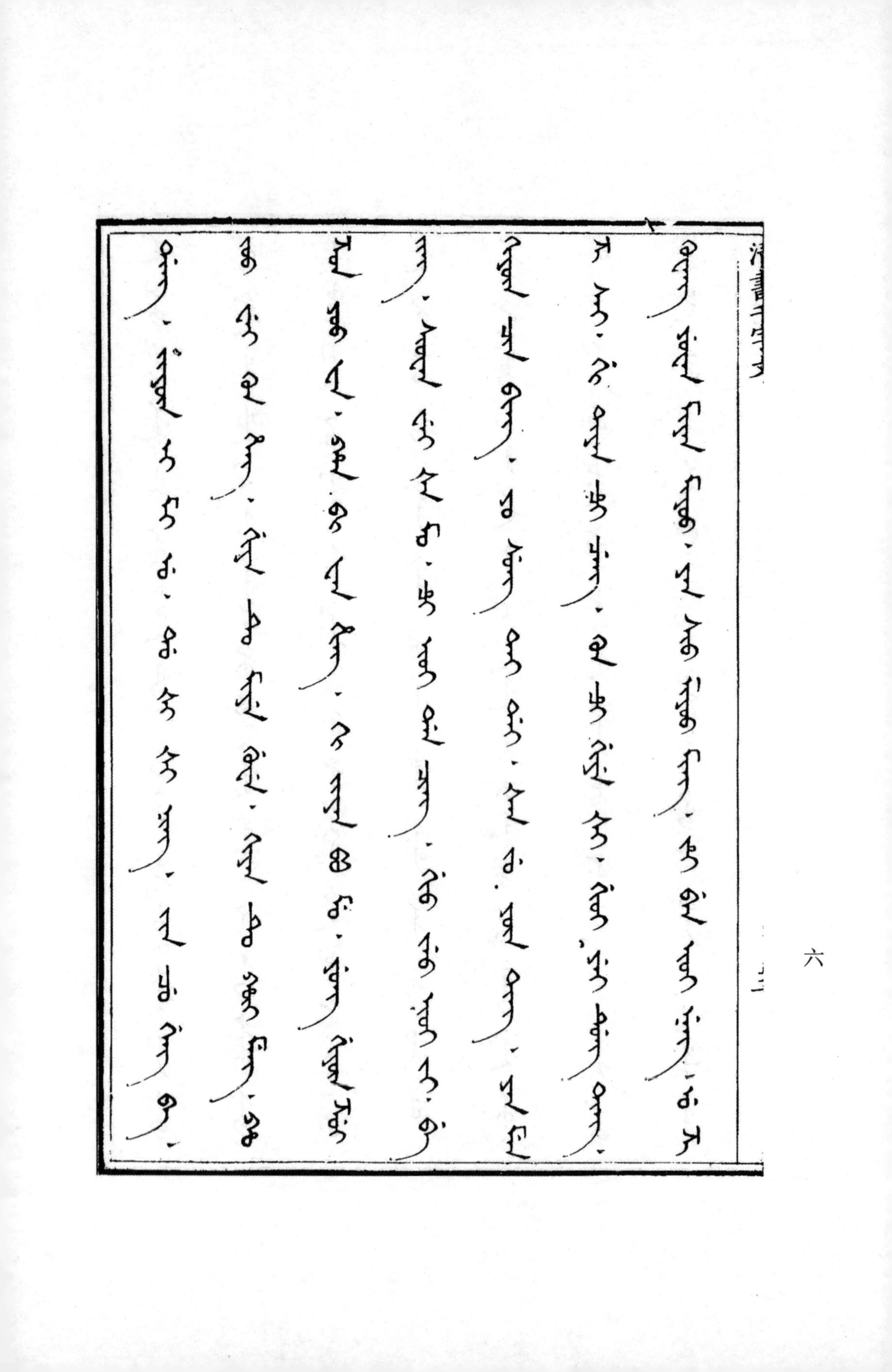

[illegible]

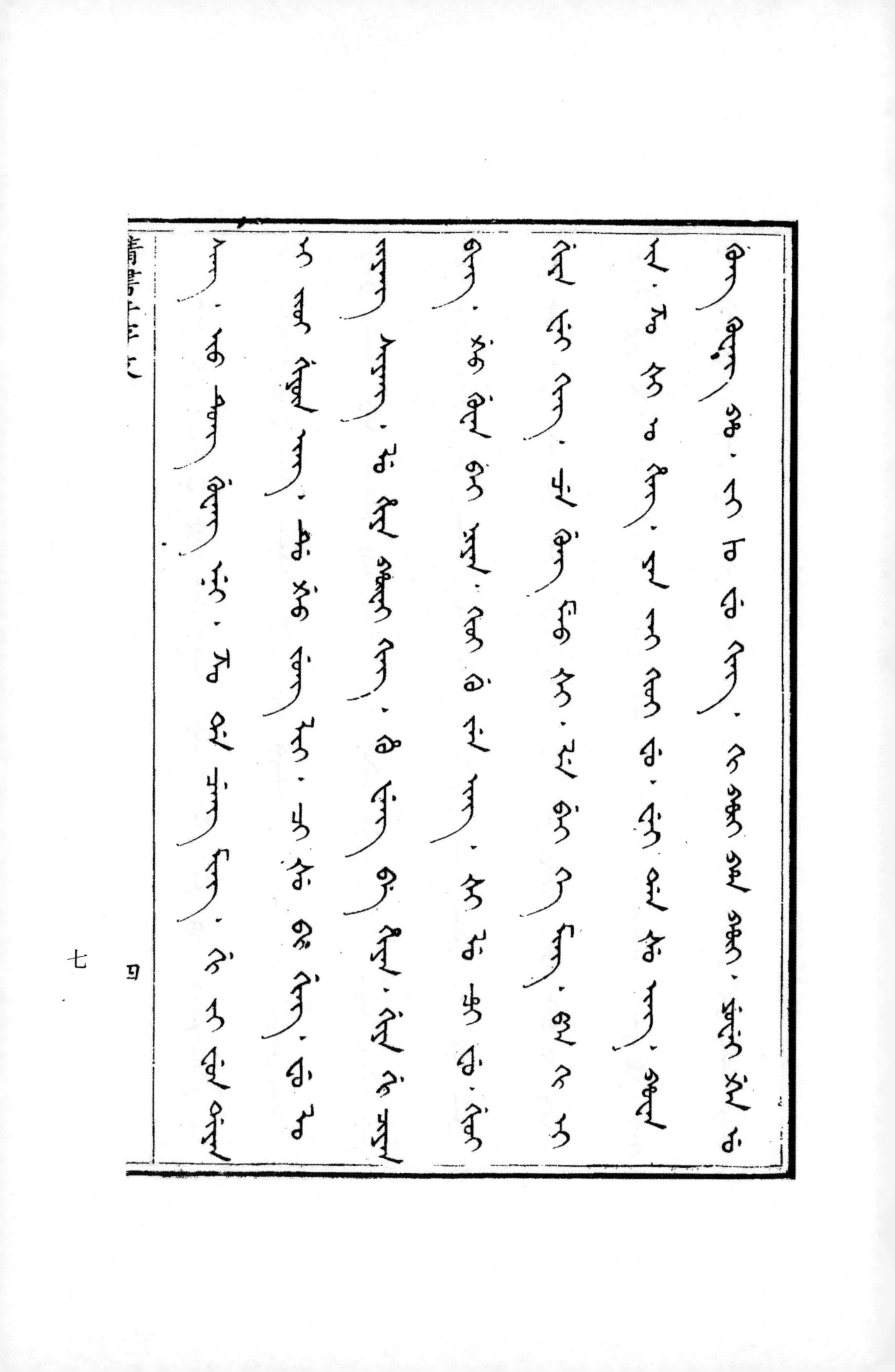

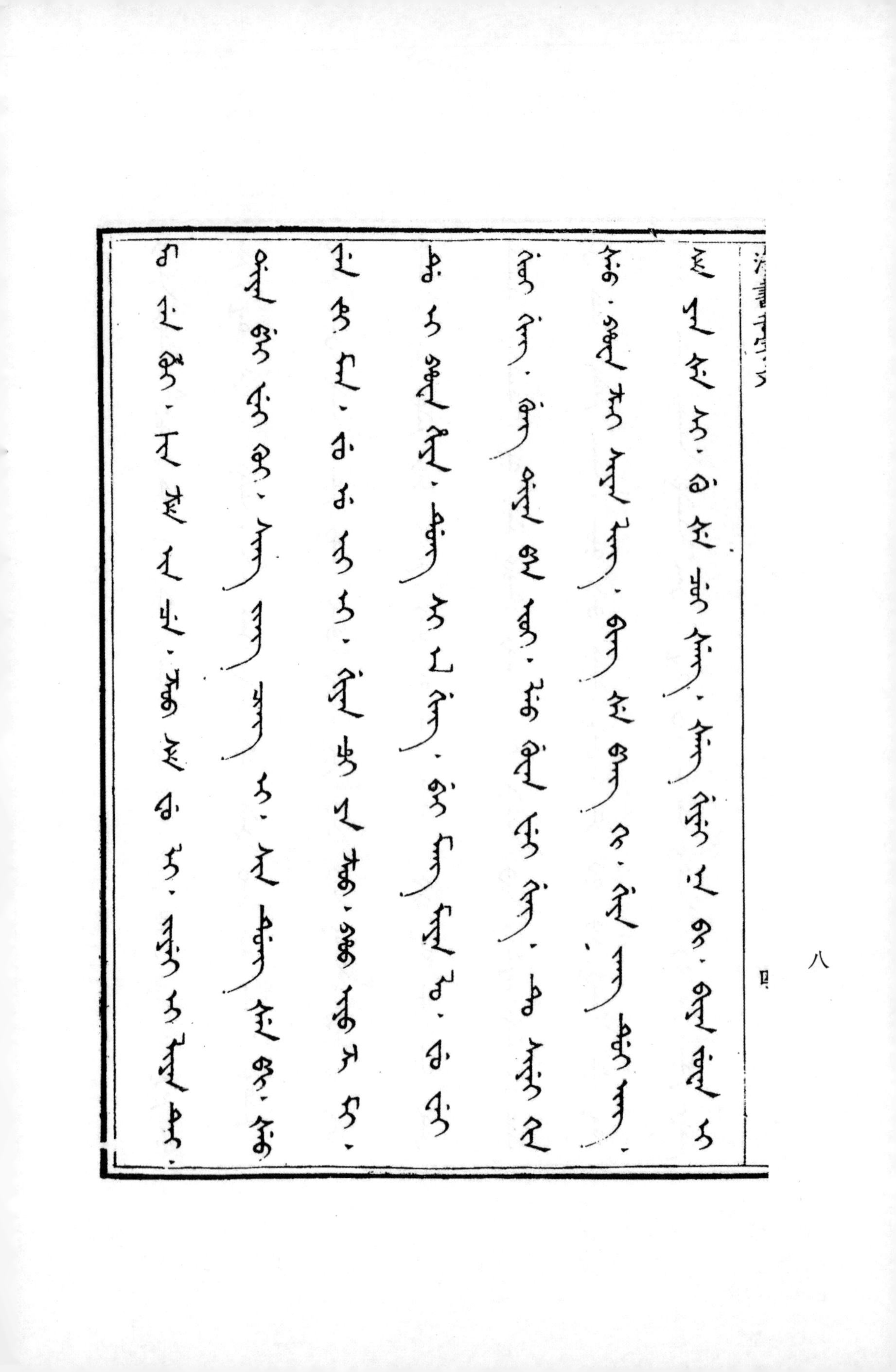

ᡩᡝ ᡝᠯᡝ ᡩᡝ ᡤᡝᠯᡝ᠈ ᡨᡝ ᡨᡠᠸᡝ ᡩᡝ ᡨᡝᡵᡝ ᡩᡝᡵᡳ ᠪᡝ᠈ ᡨᡝᠨᡳ ᠪᡳ ᡨᡝ᠈ ᡩᡝᡵᡝ ᠰᡝᠮᡝ ᡠᠮᡝ ᠪᡝ ᡝᡵᡝ᠈ ᡩᡝᡵᡝᠩᡤᡝ ᠰᡝᡵᡝ ᠰᡝᡵᡝᠩᡤᡝ

ᠮᡝᠨᡳ᠈ ᡨᡝᠨᡳ᠈ ᡨᡝᡵᡝ ᡨᡝ ᡤᡝᡵᡝ ᠪᡝ᠈ ᠮᡝ ᡝᠯᡝ ᡩᡝ ᡤᡝᠨᡝ᠈ ᠪᡝᡨᡝ ᠰᡠᠨᡳ ᠰᡳ ᠰᡝᠨᡝ᠈ ᡩᡝ᠈

ᡤᡝᠨᡳ ᡨᡝ ᠮᡝᠨᡝ᠈ ᠮᡝᡨᡝ᠈ ᡩᡝ ᡤᡝ ᡤᡳ᠈ ᡨᡝ ᡩᡝᡵᡝ ᡩᡝ ᡤᡝᡵᡝ ᡨᡝᠮᡝ ᡨᡝᡵᡝ᠈

ᡤᡝᠨᡝ᠈ ᡩᡝ ᠮᡝ ᡨᡝᡵᡝ ᡤᡝᠨᡝ᠈ ᡨᡝᡵᡳ ᠮᡝ ᡩᡝᡵᡳ ᠪᡝᡵᡝ᠈ ᡤᡝᠮᡠ ᠯᡝ ᠮᡝ ᡨᡝᡵᡝ᠈ ᠪᡝ

ᡤᡝ ᠪᡝᠨᡝ ᠮᡝᠯᡝ᠈ ᠮᡝ ᠪᡝᡩᡝᡵᡝ ᡨᡝᡵᡝ ᠪᡝᠨᡝ᠈ ᡤᡝᠨᡝ ᠪᡠ ᡤᡝᡵᡝ ᡩᡝ᠈ ᡨᡝ ᠮᡝᡵᡝ ᡨᡝ ᡤᡝᠮᡝ᠈

ᡤᡝᡵᡝ ᡤᡝ ᡨᡝ ᡤᡝᡵᡝ᠈ ᡨᡝ ᡤᡝᠨᡝ ᡨᡝ ᠮᡝ᠈ ᡨᡝ ᠪᡝ ᠪᡝᠮᡝ ᡤᡝ᠈ ᠮᡝ ᠮᡝᠨᡝ ᠪᡝᠯᡝ ᠯᡝ᠈

ᠪᡝᡵᡝ ᡤᡝᡨᡝᡵᡝ ᠪᡝᡵᡝ ᠮᡝᡵᡝ᠈ ᠪᡝᡵᡝ᠈ ᡤᡝ ᠯᡝᡵᡝ ᠮᡝ᠈ ᡤᡝᠮᡠ ᡨᡝ ᠮᡝᠨᡝ ᠪᡝᡩᡝ᠈ ᠮᡝᡵᡝᠩᡤᡝ

五

九

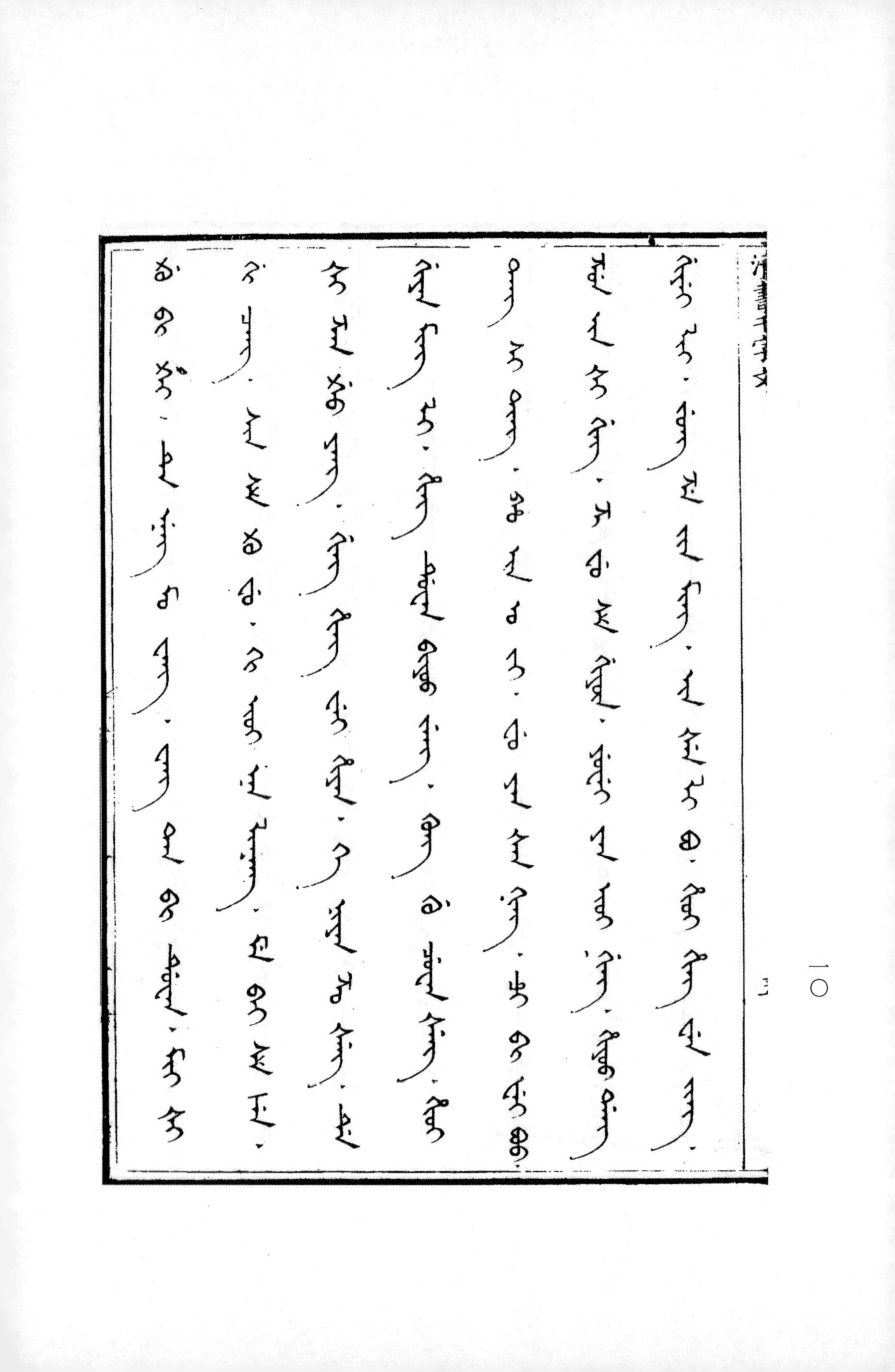

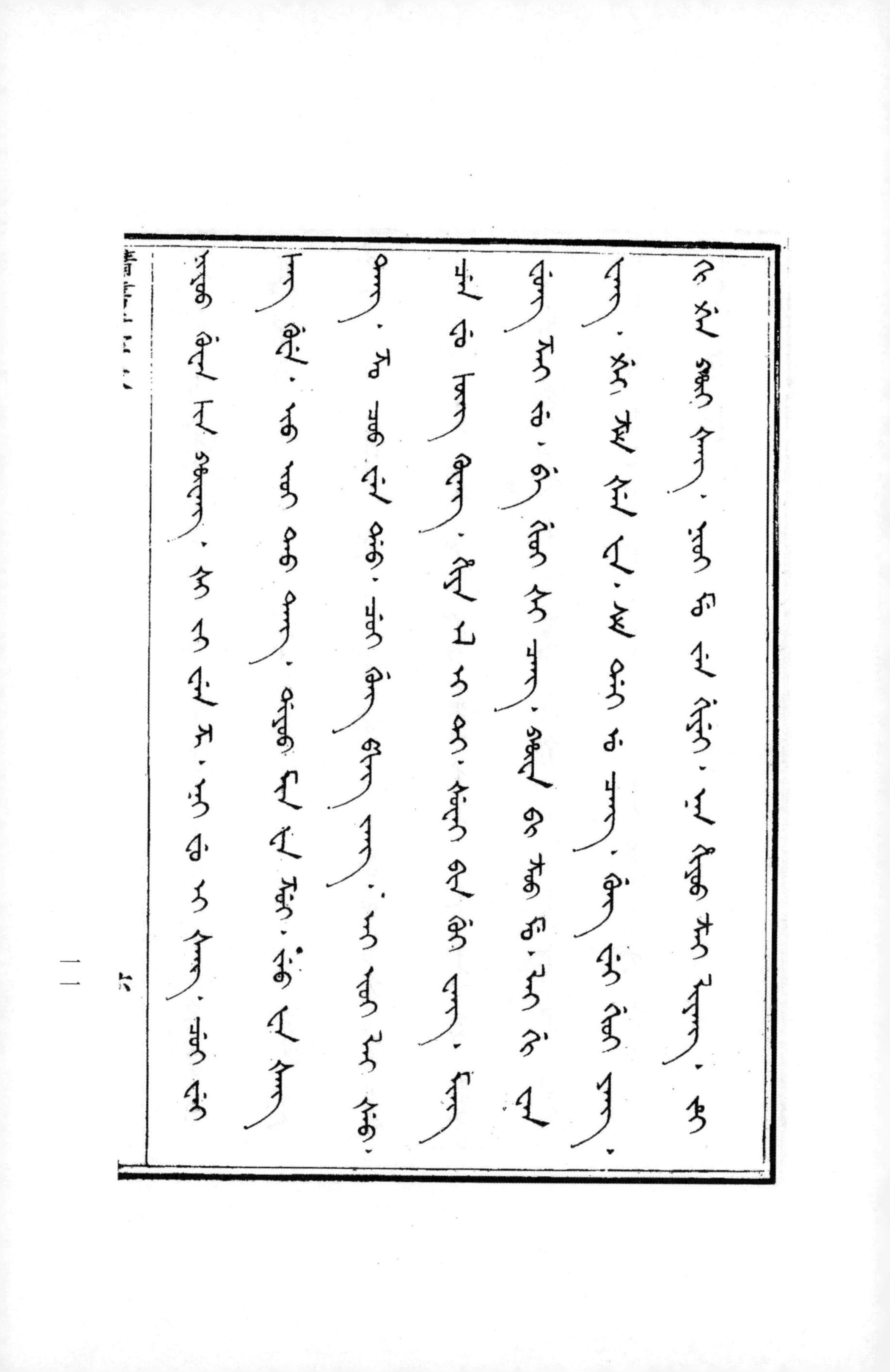

[illegible]

[illegible]

[illegible]

[illegible]

[illegible]

[illegible]

[illegible]

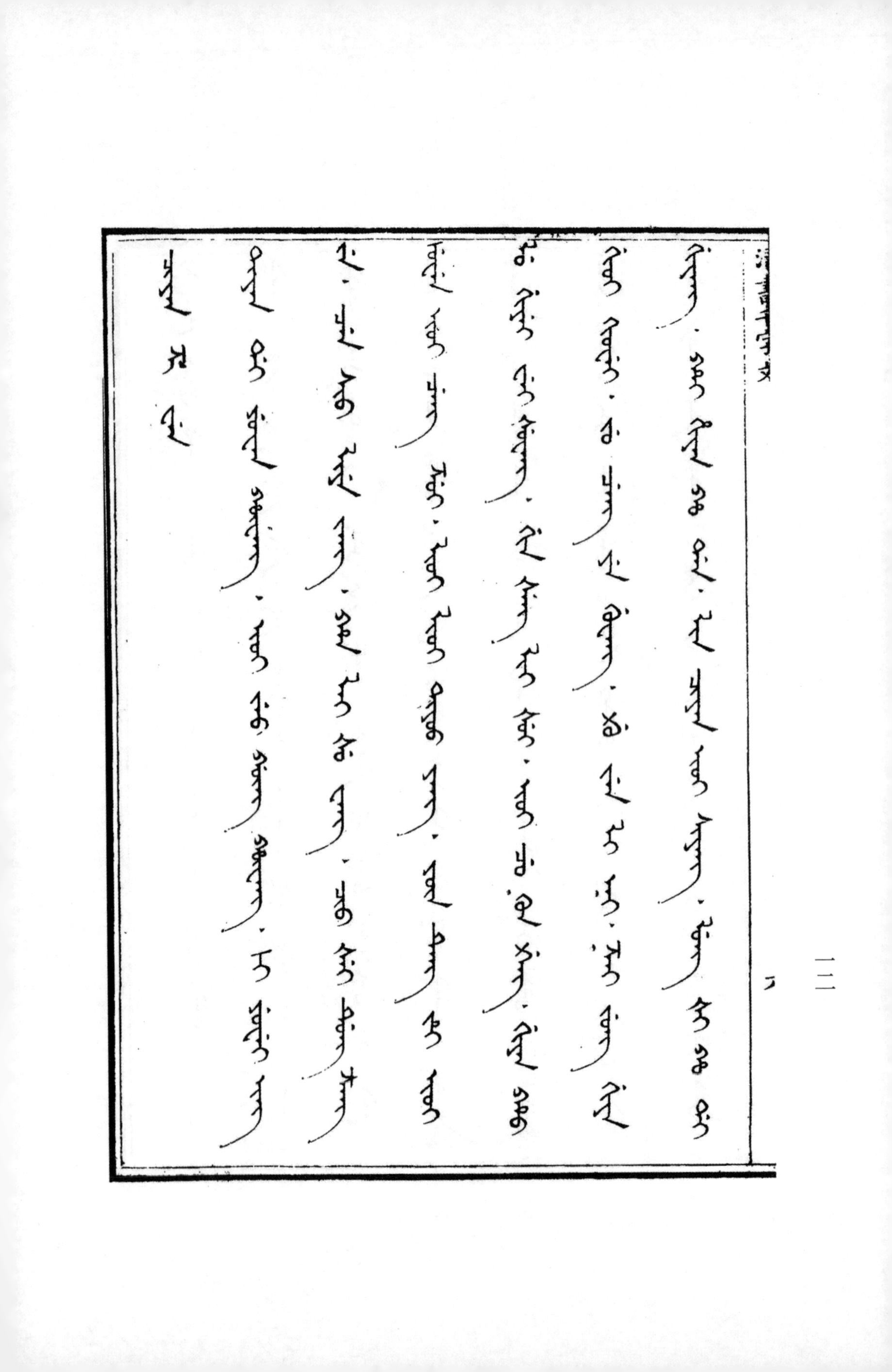

[illegible]

[illegible]

[illegible]

[illegible]

[illegible]

[illegible]

[illegible]

千字文註汪嘯尹先生纂輯

武林孫呂吉謙益氏參註　同學袁士宗公望氏攷訂
仁和蔡汪琮潤章父較正

梁敕員外散騎侍郎周興嗣次韻

梁郡名即今歸德府武帝初封梁公進爵爲王後篡齊位因以爲國號敕者君令臣之辭員外者官有常員於常員之外又設是官比於正員故云員外也散騎侍郎官名隸門下省其官始於秦時在乘輿左右騎而散從無常職漢因之以爲加官有常侍侍郎等號至魏時始揷貂璫掌規諫又置員外焉梁初自爲散騎省後仍隸門下乃文

學侍從之臣也周姓興嗣名次比也韻聲之諧者蓋以此千字編集成文而比之於韻使讀者諧於口也○按梁史興嗣字思纂陳郡項人上以王羲之書千字使興嗣次韻爲文奏之稱善加賜金帛太平廣記云梁武帝敎諸王書令殷鐵石於大王書中搨一千字不重者每字片紙雜碎無序帝召興嗣謂曰卿有才思爲我韻之興嗣一夕編綴進上鬢髮皆白賞賜甚厚

天地玄黃宇宙洪荒

玄者天之色黃者地之色易乾卦云天玄而地黃淮南子云四方上下謂之宇往古來今謂之宙洪大也荒草昧也楊子云洪荒之世言天地開闢之初其時則草昧也○此一節爲下十二節之綱領

日月盈昃辰宿列張

天地既開闢則有日月星辰垂象於上矣日陽精月陰精盈者月光滿也昃者日西斜也月至望則盈日過午則昃辰者日月所會之次分周天爲十二宮子丑寅卯辰巳午未申酉戌亥是也宿者日所躔之星也蓋日行於天其所當度之星取而識之名之曰宿凡二十有八焉東方七宿角亢氐房心尾箕北方七宿斗牛女虛危室壁西方七宿奎婁胃昴畢觜參南方七宿井鬼柳星張翼軫是也列陳也張布也謂辰宿陳布於天也淮南子云天設日月列星辰調陰陽張四時

寒來暑往秋收冬藏閏餘成歲律呂調陽

日月運行於天而辰宿紀其次舍度數於是日行一週天而爲一日月

行二十九日有奇與日相會而爲一月積三月而成時積四時而成歲焉冬之氣寒夏之氣暑易云寒往則暑來暑往則寒來言四時相代也萬物生於春長於夏收於秋藏於冬言秋冬而春夏在其中矣四時既定又以其餘日置而爲閏蓋三十日爲一月十二月爲一歲是每歲有三百六十日也然而天氣一週則不止於此自今歲立春之日至來歲立春之日共三百六十五日有奇是每歲餘五日有奇此謂之氣盈又謂之大餘至於三十日爲一月則又不足自今月合朔之時至來月合朔之時約二十九日有半故有小盡之月積至終歲則少五日有奇此謂之朔虛又謂之小餘合二者計之則每歲餘十日有奇三歲約餘一月五歲約餘二月八歲約餘三月而春入於夏矣積至十七歲約餘六

月而夏反爲冬冬反爲夏寒暑變易而歲不成矣於是唐堯置爲閏月以歸其餘書堯典云以閏月定四時成歲是也歲時旣成而春夏得陽氣秋冬得陰氣又恐其有差錯於是用律管以候之漢書律歷志云候氣之法爲室三重戶閉塗釁必周密布緹縵室中以木爲案每律各一內卑外高從其方位加律其上以葭莩灰抑其內端案律而候之氣至者灰去若此則節令不爽而陰陽之氣和矣是律呂者所以調和陰陽言陽而不言陰者省文以就韻也律呂始於黃帝命其臣伶倫取嶰谷之竹截以爲筒陰陽各六六陽管爲律黃鍾太簇姑洗蕤賓□則無射是也六陰管爲呂大呂夾鍾仲呂林鍾南呂應鍾是也黃鍾長九寸應十一月大呂長八寸三分有奇應十二月太簇長八寸應正月夾鍾長

七寸四分有奇應二月姑洗長七寸一分應三月仲呂長六寸五分有奇應四月蕤賓長六寸二分有奇應五月林鍾長六寸應六月□則長五寸五分有奇應七月南呂長五寸三分應八月無射長四寸八分有奇應九月應鍾長四寸六分有奇應十月

雲騰致雨露結爲霜

陰陽之氣既調於是陽氣則蒸而爲雲雨陰氣則凝而爲霜露說文云雲山川氣也騰升也致者使之至也釋名云雨水從雲下也蓋雲升於天所以致雨禮記云天降時雨山川出雲是也蔡邕月令云露者陰之液也結凝也易坤卦云履霜堅氷陰始凝也蓋霜露本一物其潤澤則爲露其凝結則爲霜詩秦風云白露爲霜是也此言四時之中有陽氣

爲雲雨。以生萬物。有陰氣爲霜露。以成萬物。而後歲功乃成。上句言陽。下句言陰也。

金生麗水玉出崑岡劍號巨闕珠稱夜光

上文言天時備矣。然後地利興焉。地生萬物。而莫貴於寶。故先言之。金。黃金也。麗水。在今雲南麗江府。一名金沙江。金生水底沙中。土人淘而出之。崑崙山也。在今西番。爾雅云。山脊曰岡。又云。西北之美者。有崑崙之墟璆琳琅玕焉。則此山出玉者也。劍。兵器。巨闕。寶劍之名。越王允常令歐冶子鑄寶劍五。巨闕次。純鈎。湛盧。莫邪。魚腸。珠者。蚌之精。珠之美者。入夜有光。搜神記云。隋侯見大蛇傷。救之。後蛇銜珠以報。夜光可以燭堂。故歷世稱焉。

果珍李柰菜重芥薑

至於草木之美者則有李柰芥薑之屬舉一二以該其餘也木實之可食者曰果珍重也本草云李味酸甘去痼熱調中柰味苦補中焦和脾皆果之美者草之可食者曰菜本草云芥味辛除腎邪利九竅明耳目薑味辛通神明去臭氣皆菜之美者也

海鹹河淡鱗潛羽翔

至於水之大者則有河海而蟲魚鳥獸不可勝舉總以見地之廣生也海者泉水所歸之壑博物志云天地四方皆海水相通地在其中總而言之謂之四海海水味鹹故曰海鹹河水名出今西番朶甘思西鄙有泉百餘泓名星宿海此其源也東北流至積石山始入中國又東北出

塞外又轉而南入中國至今河間府界分爲九河而入於海此古道也今則南徙與淮合流至淮安府界入海河水味淡故曰河淡鱗魚甲也潛藏也羽鳥毛也翔飛也言魚藏於淵鳥飛於天也

龍師火帝鳥官人皇始制文字乃服衣裳

上言天地變化無不具備於是人生其間備三才之位自洪荒之世三皇五帝傳至三代而後爲極盛也師官也太昊伏羲氏時龍馬負圖出於河因以龍紀官爾雅云帝君也上古之世燧人氏爲君始鑽木取火教民烹飪焉少昊氏時有鳳鳥至因以鳥紀官春秋左傳云太昊氏以龍紀官爲龍師而龍名少昊氏以鳥紀官爲鳥師而鳥名按史春官爲青龍氏夏官爲赤龍氏秋官爲白龍氏冬官爲黑龍氏中官爲黃龍氏

又命其臣朱襄爲飛龍氏昊英爲潛龍氏大庭爲居龍氏渾沌爲降龍氏陰康爲土龍氏栗陸爲水龍氏此太昊之官也鳳鳥氏歷正也玄鳥氏司分也伯趙氏司至也青鳥氏司啓也丹鳥氏司閉也祝鳩氏司徒也雎鳩氏司馬也鳲鳩氏司空也爽鳩氏司寇也鶻鳩氏司事也五雉爲五工正九扈爲九農正此少昊之官也皇大也言其爲天下之大君也上古之世有天皇氏地皇氏人皇氏是謂三皇言人皇而不及天地舉一以該其二也始初也制造也上古結繩而治伏羲始造文字其制有六象形會意假借指事轉注諧聲是也乃者繼事之辭服身之飾也上曰衣下曰裳白虎通曰衣隱也裳障也所以隱形自障蔽也上古之民衣鳥獸之皮至黃帝命其臣胡曹始作衣裳

推位讓國有虞陶唐

嗣是而堯舜則以禪讓而有天下推使之去巳也讓以之與人也位君位也國土地也虞舜氏因以爲有天下之號堯初封陶後封唐故稱陶唐氏陶今兗州府定陶縣唐今平陽府堯在位七十載而禪於舜舜在位五十載而禪於禹此言堯舜以天子之位土地之富推讓以與人也

弔民伐罪周發殷湯

嗣是而湯武則以征誅而得天下弔慰也伐正其罪而討之也周地名今西安府武功縣周城后稷始封於邰後太王遷於周及武王代商因以爲有天下之號發武王名殷亳都也今河南府偃師縣契封於商其後成湯滅夏因以爲有天下之號至盤庚遷於殷則兼稱殷此言殷湯

據其後而言也禹受舜禪而有天下傳四百餘年其後王夏桀無道成湯放之南巢而代其位傳六百餘年其後王殷紂無道武王誅之而代其位此言湯武慰安夏商無罪之民而誅伐有罪之桀紂也孟子云誅其君而弔其民

坐朝問道垂拱平章

承上三節而言朝朝廷也道理也自上至下曰垂拱斂手也書武城云垂拱而天下治其所垂者衣也平者正之使不傾章者明之使不昧書堯典云平章百姓此總言上文諸君皆坐於朝廷訪問治道垂衣拱手平正章明以治天下甚言其有道之形容也○按古之人君皆立朝以聽政至秦尊君抑臣始有坐朝之禮此云坐朝亦據後世而言之耳

愛育黎首臣伏戎羌遐邇壹體率賓歸王

此言其德澤之及於人者育養也黎黑也首頭也人首皆黑故稱民曰黎首臣事之也伏屈服也戎者四□之一羌者西戎之一種言上文有道之君皆愛養中國之民至於外□亦能屈服而臣事之使不叛也上句言中國下句言外□遐遠也承上文戎羌而言邇近也承上文黎首而言體身體也率偕也賓服也歸往也王君也說文云天下所歸往也言遠而外□近而中國有道之君視之如一身然無遠無近皆被其澤故民相率服從而歸往於我王也

鳴鳳在竹白駒食場化被草木賴及萬方

此言其德澤之及於物者鳥出聲曰鳴鳳靈禽也有道則見孔演圖云

鳳非竹實不食駒馬之小者白言其色塲治穀之地詩小雅云皎皎白駒食我塲苗言有道之君澤及鳥獸鳥中之鳳得其所而食竹實獸中之駒得其所而食塲苗德行於上風動於下謂之化被及也賴利也春秋左傳云萬盈數也方四方東西南北也萬方則盡乎天下矣又言德澤之及不獨鳥獸至於草木皆被其化而利遍於萬方無一物不蒙其澤也

右第一章

此章言天地人之道爲千字文之發端首節從太極生兩儀天地初闢之時說起見自有天地之由來第二節至第四節承首節天道而言天有日月星辰雲雨霜露以成四時二氣見天道之大也第五節

至第七節承首節地道而言地之生物有金玉珠寶山川草木鳥獸蟲魚品類不一見地道之廣也第八節至第十三節承首節宇宙而言洪荒以來三皇五帝三王開物成務以前民用仁民愛物以廣德澤見人事之盛也

蓋此身髮四大五常恭惟鞠養豈敢毀傷

此以下言學者修身之事蓋發語辭四大地水火風也圓覺經云此身四大和合毛髮爪齒皮肉筋骨腦髓垢色皆歸於地唾涕膿血涎沫津液痰淚精氣大小便利皆歸於水煖氣歸火動轉歸風是也五常仁義禮智信也恭敬也惟者專辭鞠卽養也豈敢猶云不敢毀壞也傷損也孝經云身體髮膚受之父母不敢毀傷言此身髮乃父母所鞠養而不

敢損壞也此將言修身之事故先言身之至重以見其不可不修外而形體則有四大內而心性則有五常修身者惟修其五常之德而後能不虧四大之體蓋不敢毀傷者在四大而所以不毀傷者在修其五常也故下文無及四大之事

女慕貞烈男效才良

身有男女之分而修其五常則一也慕愛也貞正而固也烈正而剛也效法也才有能者良有德者

知過必改得能莫忘罔談彼短靡恃己長

此與下節皆言修五常之事過者無心之失改更也得求而獲之也能有諸己者也忘失也言於五常而有過誤則必改之於五常而有所能

必守而勿失也罔者戒之之辭談言也彼者對巳而言葢他人也短卽過也靡無也恃者矜誇之意長卽能也言修五常者人於五常而有過則不詆之巳於五常而有所能則不矜之也

信使可覆器欲難量

信實也覆復驗之也言與人約信務爲誠實使其後日可以復驗則言不妄矣器量也量度之也言人之器量欲其廣大使人難以度量若恃巳之長而自滿則人得而測之矣

墨悲絲染詩讚羔羊

此言修五常者欲其純一而不雜也墨姓名翟悲痛而泣之也絲蠶所吐也以色加素曰染墨翟見染絲者而泣曰染於蒼則蒼染於黃則黃

不可不愼也詩召南羔羊之篇讚美之也羔羊之小者羊畜名詩云羔羊之皮素絲五紽按詩本義美大夫之節儉正直此引詩則但取羔羊素絲其色之純一耳

景行維賢克念作聖德建名立形端表正

景仰也行者事之迹也詩小雅云景行行止維與惟同賢者能修五常之善人也言此善人當景仰而效法其行事也克能也念思也作爲也聖者不思不勉自合於五常之人也書多方篇云惟狂克念作聖言人能以五常之道思之於心而力行之則可以造於聖人之域也德卽五常之德建卽立也名賢人聖人之名也形體也端卽正也立木以示爲表形端則影亦端表正則影亦正言此賢聖之人惟能建立五常之德

因以有聖賢之名如形表之端正則影自隨之而不爽蓋修德者必有名譽而人不可以不效法之也

空谷傳聲虛堂習聽禍因惡積福緣善慶

空卽虛也谷兩山中之相夾處傳續也堂屋之高大者習重也聽者耳所聞也言聲在空谷之中則相傳續而不已在虛堂之中則聲發於此響應於彼使聽者重複也禍災殃也惡悖於五常之事也積累也言惡非一端也緣卽因也善者修五常之事也慶者善之著也言天之降禍於人必因其悖於五常爲惡多端而然天之降福於人必因其能修五常善著於身而然也上節言人事之不爽修德必獲令名如影之隨形表此節言天道之不爽爲惡得禍爲善得福如響之赴聲也

尺璧非寶寸陰是競

天道人事不爽如此而人當力行其五常矣尺度名十寸爲尺璧玉之圓者寶貴之也寸亦度名陰日影也競爭也昔禹惜寸陰淮南子云聖人不貴尺之璧而重寸之陰此言尺璧至重而不以爲寶惟以寸陰當爭而孜孜然修其五常惟日不足也

資父事君曰嚴與敬

上言五常之當修而所謂五常者在於人倫之內蓋仁爲父子之德義爲君臣之德長幼之有序即禮之德夫婦之有别即智之德而信又爲朋友之德也此下十四節皆言人倫而人倫之中莫大於父子君臣故又别而言之資藉也事奉也嚴者畏憚之意敬心無所慢也孝經云資

於事父以事君而敬同又云孝莫大於嚴父言用事父之道卽可以事君其嚴憚恭敬之心則同蓋移孝以作忠也

孝當竭力忠則盡命

善事父母爲孝當合也謂理合如是也竭亦盡也論語云事父母能竭其力盡已之心爲忠論語云臣事君以忠言忠臣之事君有死無二盡已之命而不惜也孝承上資父而言忠承上事君而言

臨深履薄夙興溫凊

上言忠孝之道而事君卽資於父故此又專言孝也臨涖也深深源也履踐也薄薄氷也詩小雅云戰戰兢兢如臨深淵如履薄氷夙早也興起也詩小雅云夙興夜寐無忝爾所生溫者使之暖也凊者使之凉也

曲禮云凡爲人子之禮冬溫而夏凊此言嚴敬之實子之事親謹畏小心如臨深淵而踐薄氷夙興夜寐冬溫夏凊而後爲孝也

似蘭斯馨如松之盛川流不息淵澄取映

孝爲百行之原能孝於親則爲有德之人矣故設喻以贊美之似如皆比也蘭香草也易繫辭云其臭如蘭斯語辭馨香也松木名盛茂也松至冬而不凋故云盛川水之流者流行也息止也淵水之止者澄清也映照也水清而可以照物也言其德之馨香則如蘭其德之茂盛則如松其德純常而不間斷則如川之流而不止其德潔清而無汙染則如淵之清而可照也

容止若思言辭安定

容貌也止者對作而言一身之舉動也心所運曰思人有思者貌必沉靜若思者喻其容之肅也言語也辭說也言之成文者也安定亦沉靜之意曲禮云毋不敬儼若思安定辭言有德之人其貌言如是也

篤初誠美慎終宜令

篤厚也初始也誠信也美令皆善也慎謹也終者事之成也宜當也言人之有德者其厚之於始信爲善矣又當謹之於終益勉於善而後爲德之成也葢人少則慕父母無不厚於始也及其知好色則慕少艾有妻子則慕妻子仕則慕君善於終者鮮矣惟終身慕父母者乃爲大孝故勉人修德當終如其始也

榮業所基籍甚無竟學優登仕攝職從政

上言孝成而德備事父之道盡矣然後可資之以事君焉此以下言事君之事榮顯榮也業事業也卽下攝職從政仕者之事也基本也籍者有聲譽也甚太過也漢書陸賈傳云名聲籍甚竟已也學講習討論也優有餘也登升也仕爲官也攝治也職官所掌之事也從就也政國政也言能孝而有德則異日事君顯榮之業皆本於此葢孝德之人必有名譽以聞於上籍甚而不已焉又必俟學古有獲之後知所以致君知所以澤民然後可升於朝而爲官而治理政事也論語云學而優則仕

存以甘棠去而益詠

存留也甘棠木名草木疏云今棠梨也去離也而轉語辭益增也詠歌也昔召公循行南國嘗止于甘棠樹下後人思其德因愛其樹而不忍

伐其詩云蔽芾甘棠勿翦勿伐召伯所茇言孝德之人其事君也必能體君之心以愛民亦如召公之于南國留甘棠而不伐旣去而人思慕之愈詠歌而不忘也

樂殊貴賤禮別尊卑

上言父子君臣之倫至此又推其類而盡言之因以此二語爲發端言五倫之中有貴有賤有尊有卑而先王制禮作樂所以殊異而分別之也

上和下睦

上卽尊貴者下卽卑賤者和諧也睦親也言五倫雖有貴賤尊卑上下之不同而皆以和諧親睦爲善也

夫唱婦隨

此言夫婦之倫夫者男子之稱女子從人爲婦唱導也隨從也夫理外事導之於前婦爲內助從之於後也

外受傅訓入奉母儀諸姑伯叔猶子比兒

此推父子之倫而廣言之外者出而在鄉黨之閒受承也傅師也訓教也入進也進于家內也奉亦承也儀範也言外而在鄉黨則承師之教訓入於其家則奉母之儀範也諸衆也父之姊妹曰姑父之兄曰伯父之弟曰叔猶同也比並也禮檀弓篇云兄弟之子猶子也言兄弟所生之子與己子同而得比並於兒也上文止言資父而父子之倫有所未盡與父同尊者有師焉與父同親者有母焉以及諸姑伯叔皆從父以

推者也。至于兄弟之子。則從子以推者也。而父子之倫全矣。○按古者民生于三事之如一。父生之。師敎之。君食之是也。禮檀弓篇亦云。事親服勤至死。致喪三年。事君服勤至死。方喪三年。事師服勤至死。心喪三年。蓋師與父並重。後世師道不講。唐韓愈作師說。舉世皆非之。風之不古也久矣。

孔懷兄弟同氣連枝

此言兄弟之倫。孔大也。懷愛也。爾雅云。男子先生爲兄。後生爲弟。同共也。氣父母之氣也。連合也。木生條曰枝。言兄弟當大相友愛。蓋雖異形而同受父母之氣。猶木有異枝而合於一本也。

交友投分切磨箴規

此言朋友之倫交相合也友朋友也投托也分情分也切割也磨礪也治骨角者旣切而復磋之治玉石者旣琢而復磨之詩衛風云如切如磋如琢如磨喻爲學者已精而益求其精也有所諷諭以救其失者爲箴規戒也言朋友之合以情相托平日爲學則切磋琢磨相勉以求其精至于有過則諷諭規戒相救以正其失也

仁慈隱惻造次弗離

上言五倫備矣而五常之德猶未明指之也故于此詳言之此言仁之德也仁者心之德愛之理慈愛也隱痛之深也惻傷之切也孟子云惻隱之心人皆有之造次急遽苟且之時弗者禁止之辭離去也言仁主於愛而遇不忍之事則傷之切而痛之深此乃人之本心雖當急遽苟

且之時而不可舍去也按仁義禮智信爲五常之德而仁義爲大故明指之猶上文五倫亦以君臣父子爲大也然仁義二者而仁包四德尤大於義故又別而言之猶上文君父並重而事君之道資於事父又以孝爲本也雖其文有詳略而理實貫通先後差次截然不紊讀者宜熟玩之

節義廉退顛沛匪虧

此言義禮智信之德有所守而不變謂之節信之德也義者心之制事之宜也廉有分辨智之德也退謙讓也禮之德也顛沛傾覆流離之際匪非也亦禁止之辭虧缺也言義禮智信之德皆人所不能無雖當傾覆流離之際而不可虧缺也論語云造次必於是顛沛必於是

性靜情逸心動神疲

此總上文五常之德而言葢天以仁義禮智信之德賦之於人爲性情者性之發也心載性者也神者心之靈也靜者止於五常而不動也逸安也反于靜者爲動疲勞之極也言人之修五常者其性止於仁義禮智信而所發之情皆安其不修五常者反是心爲外物所動而勞敝其神也

守眞志滿逐物意移

守操守也眞者性之正也言仁義禮智信乃人之眞性也心之所之謂之志滿足也逐引之而去也物外物聲色嗜欲之類所以動其心者意者心之所發也移卽動也此申上節而言性靜情逸者守其仁義禮智

信之眞性爲能充滿其志而無所虧欠心動神疲者葢爲聲色嗜欲外物所動引之而去而意以移因不能守其五常也

堅持雅操好爵自縻

此又總承上文而結言之堅固也持即守也謂之堅持必性靜情逸守其眞而志滿不逐於外物而心動神疲也雅常也操者所守之德即五常也好美也爵位也縻繫也言人能固守五常則爲有德之人王者必舉而用之而美位自繫於其身矣易中孚卦云我有好爵我與爾縻之此言自縻謂巳之修德所致即自求多福之意所以深勉乎人也

右第二章

此章言君子修身之道惟修其五常則不毀傷其身因推其類而舉

君臣父子兄弟夫婦朋友之倫爲五常之所屬終則實指仁義禮智信之五德而勉人固守之也

都邑華夏東西二京背邙面洛浮渭據涇

此以下言王者之事此言王者京都之大也帝王世紀云天子所宮曰都邑縣也又王都亦稱邑詩商頌云商邑翼翼此所謂邑乃王都之邑也華文明之象夏大也中國謂之華夏言其文明而大也京亦大也王者所居之國周成王營洛邑爲王城及平王東遷居焉東漢亦都之謂之東京今河南府也周武王都于鎬京秦都咸陽西漢都長安謂之西京卽今西安府也背後也在國之北面前也在國之南邙山名北邙山也在今河南府城北洛水名源出今商州洛南縣冢嶺山東流經河南

府城南又東至鞏縣入河此句承上東京而言邙山在東京城北洛水在東京城南也浮洸也據依也渭水名出今臨洮府渭源縣鳥鼠山東流至西安府華陰縣入河涇水名出今平凉府岍頭山東南流至西安府高陵縣入渭此句承上西京而言西京左洸渭而右依涇也蓋言兩京之山川形勝也

宮殿盤鬱樓觀飛驚圖寫禽獸畫采仙靈丙舍傍啓甲帳對楹肆筵設席鼓瑟吹笙陞階納陛弁轉疑星右通廣內左達承明

此言王者宮室之壯爾雅云宮謂之室古者以宮爲室之通稱後世專以稱天子之室焉殿堂之高大者秦始皇始作之盤屈曲之貌鬱茂盛之貌樓說文云重屋也爾雅云觀謂之闕釋名云觀者於上觀望也皆

屋之最高者也飛鳥飛也詩小雅云如翬斯飛驚駭也言樓觀之高勢若飛然而駭人之目也圖寫皆畫也飛曰禽走曰獸以五色狀物之形曰畫采色也釋名云長生不死曰仙靈神也言此宮殿樓觀之中皆以采色圖畫飛禽走獸及神仙之形于內也丙干名舍屋也天官書云亥爲天門巳爲地戶丙舍于巳故凡地戶俱稱丙舍魏鍾繇帖云墓田丙舍傍側也啓開也言丙舍之門開於其側也甲者干之首帳釋名云張也張施床上也漢武故事云上以琉璃珠玉明月夜光雜錯珍寶爲甲帳其次爲乙帳對當也楹柱也肆陳也設置也重曰筵單曰席古人籍地而坐筵席皆坐之具也鼓動之也瑟樂器狀如琴有二十五絃以口噓氣曰吹笙亦樂器以匏爲之列管于匏之中又施簧于管端以出其

聲也陛登也階級也納入也陛卽階也堂之高者去地遠故設階陛所以升堂者也弁冠名白虎通云弁之爲言攀持髮也有爵弁韋弁皮弁等制轉動也疑似也詩衞風云會弁如星此句承上階陛而言登階入陛者其弁動移如星之多則階陛之廣可知甚言以形容之也言舍之以丙爲次者其門開於側當柱則施甲帳又陳設筵席而作樂於其間其階陛之廣登納者弁若星然不可勝數也東爲左西爲右通卽達也廣內承明皆殿名三輔黃圖云建章宮中西則廣內殿又云未央宮有承明殿此二句總上文而言宮室之大其右則直通于廣內其左則直達于承明也

既集墳典亦聚羣英

言此宮殿樓觀之中墳典藏焉羣英會焉旣者巳事之辭集卽聚也墳三墳也典五典也三墳載三皇之事者也五典載五帝之事者也春秋左傳云楚左史倚相能讀三墳五典書莫古于墳典故舉此以該羣書也亦又也羣衆也才德出衆之人謂之英○此節爲下六節綱領○按古三墳巳不可考至宋元豐中張商英得于唐州北陽民家其書爲山墳氣墳形墳三篇言多誕妄蓋僞書也五典卽書經堯典舜典大禹謨皐陶謨益稷五篇

杜槀鍾隸漆書壁經

此節承上文墳典而言見書籍之多也杜杜度也鍾鍾繇也槀草槀也凡作文槀多用草書故謂草書爲槀漢章帝時杜度善作草書隸賤者

之稱秦始皇時程邈始變古文篆書爲隸以其簡捷便于徒隸故謂之隸魏鍾繇善作此書漆木液可飾器者古人無墨以漆書字于竹簡之上書者載籍之通稱壁牆也經六經易書詩禮樂春秋是也此所謂經乃書經也始皇焚書時孔子八世孫騰藏書經于壁中至漢時魯共王壞孔子舊宅得之謂之古文尚書言書籍之多有草書者有隸書者有漆書者有若壁中之古文者蓋篆書不可勝數也○按隸書即今眞書書苑云劇程邈隸取二分劇李斯篆取八分爲八分書則今之稱隸者八分書也古之稱隸者乃眞書也又唐六典校書郎正字體有五四曰八分書石經碑碣所用五曰隸書典籍表奏公私文疏所用則隸之爲眞書無疑矣

府羅將相路夾槐卿戶封八縣家給千兵高冠陪輦驅轂振纓世祿侈富車駕肥輕

自此以下五節俱承上文羣英而言此節言羣英祿位之尊富也府風俗通云聚也公卿牧守之所聚也羅列也將武臣也相宰相文臣也路道路也夾並立也槐木名卿爵名周禮六卿冢宰司徒宗伯司馬司寇司空也漢九卿太常光祿勳衛尉太僕廷尉鴻臚宗正司農少府也周禮建外朝之法面三槐三公位焉左九棘孤卿大夫位焉言槐而不言棘言卿而不言公孤大夫省文也此言羣英皆居將相公卿之位也戶民家也封者以地與之使食其所入也八數名縣釋名云懸也懸于郡也家將相公卿之家也給予也十百為千兵士卒也冠首服也陪侍也

以人駕車曰輦蓋天子之車也驅馳之也轂車輪也振動也纓冠系也驅轂承上陪輦而言振纓承上高冠而言父子相繼爲世祿俸也言此將相公卿之子孫皆得食其祖父之祿而世世相承也侈奢也富者饒于財也車乘之以行者駕駕馬也說文云馬在軛中也肥說文云多肉也輕疾也肥言其所駕之馬輕言其車也言此羣英在將相公卿之位者其所封之戶有八縣之多而給于其家者有千卒以備使令出則驅其車輪以侍天子之輦而行而所戴之高冠以車馳而振動其纓其冠服之美盛如此至于子孫亦得食其先世之祿奢侈富足駕肥馬而乘輕車也○按自秦罷封建漢初復分王子弟後懲七國之禍膺封爵者止食其邑之戶然東漢吳鄧之功所封不過四縣晉惟羊祜得封五縣

茲云八縣未知何所指也又重臣之有勳德者給兵以爲從衞其數多寡不同如晉衞瓘陸玩等皆給千兵恩禮之盛無踰此矣

策功茂實勒碑刻銘磻溪伊尹佐時阿衡奄宅曲阜微旦孰營桓公匡合濟弱扶傾綺迴漢惠說感武丁俊乂密勿多士寔寧

此下四節亦承上羣英而雜舉其人以實之策謀畫也說文云以勞定國曰功茂盛也實者對名而言謂實有其功也勒卽刻也碑說文云堅石以紀功德也銘紀也釋名云紀名其功也此所謂銘卽碑銘也蓋敘述其功而爲文以刻于碑于文之末又爲韻語以贊美之是之謂銘言此羣英不但祿位尊富其所謀畫實有定國之功勒于碑而刻于銘如下文諸人是也磻溪太公望所釣之處在今鳳翔府寶鷄縣東南旁有

太公石室存焉伊姓尹字也成湯之相佐輔也時世也阿衡商之官名伊尹爲之阿倚也衡平也言天下倚賴以平治者也詩商頌云實惟阿衡實左右商王奄取也宅居也曲阜地名周公之所封卽魯國也今兗州府曲阜縣微無也旦周公名孰誰也營造也言取曲阜而居之非周公旦之功誰能造此魯國之封也桓公齊君名小白謚法辟土服遠曰桓匡正也正天下之亂也合會諸侯也論語云桓公九合諸侯一匡天下濟救也弱兵力少也扶持也傾危也諸侯之弱者救之危者持之也綺四皓之一廻還也秦時有四皓避亂于商山漢高祖招之不至後高祖欲易太子張良乃聘四皓與太子游高祖見之曰羽翼已成難以動矣由是得不易及高祖崩太子立是爲漢惠帝謚法柔質慈民曰惠四

皓者綺里季東園公夏黃公甪里先生舉一以該其三也言漢惠將廢以四皓而得還太子之位也說傅說也感格也武丁商之賢君夢上帝予以良弼覺而圖其形以旁求天下于傅巖之野得說貌與夢符乃舉爲相商道中興言傅說之賢感武丁于夢中也千人之英曰俊百人之英曰乂書臯陶謨云俊乂在官密勿黽勉之意詩小雅云黽勉從事漢書劉向傳引之云密勿從事多衆也漢志云學以居位曰士寔與實同寧安也詩大雅云濟濟多士文王以寧言羣英之策功者亦如太公伊尹有輔世平治之功周公有佐周肇封之功齊桓有濟弱扶傾之功四皓有定儲之功傅說有中興之功此皆千人之俊百人之乂黽勉輔治而君實賴多士以寧也

晉楚更霸趙魏困橫假途滅虢踐土會盟

此亦承上羣英而言五霸不獨齊桓又有晉文與楚莊焉晉楚皆國名晉今山西楚今湖廣皆其地更代也霸者諸侯之長言晉楚繼齊桓之後相代而爲諸侯之長也五霸有齊桓晉文秦穆宋襄楚莊言晉楚而不言秦宋省文也趙魏皆國名趙都邯鄲今趙州魏都大梁今開封府困病甚也橫連橫也戰國時蘇秦說六國諸侯合從以拒秦後張儀又說六國諸侯連橫以事秦言六國諸侯爲合從連橫所困也言橫而不言從省文也六國有趙魏韓齊楚燕舉二以該其餘也假借也途路也滅亡也虢國名今陝州晉獻公欲伐虢道經于虞用謀臣荀息計以垂棘之璧屈產之馬遺虞君假道于虞以滅虢師還并襲虞滅之踐土地

名在今開封府滎澤縣西北有踐土臺在焉會者合諸侯也盟誓約也歃血以結信也曲禮云諸侯相見于郤地曰會涖牲曰盟僖公二十八年晉文公會諸侯盟于踐土此二句舉晉事以該五霸六國言皆用詐謀以勝人也此節言春秋之五霸有謀臣戰國之七雄有策士而羣英之有才智者如之也

何遵約法韓弊煩刑

此言羣英之任名法者何蕭何也遵奉也約要約也法即刑也漢高祖初入關定秦與父老約法三章曰殺人者死傷人及盜抵罪餘悉除秦苛法後以爲不足禦奸又令蕭何攈秦法作律九章言蕭何之制漢律奉高祖之約法而爲之也韓姓名非弊困也煩苛也韓非爲刑名之學

李斯譖之死于秦獄言以煩刑而自困也

起翦頗牧用軍最精宣威沙漠馳譽丹青

此言羣英之建武功者起白起也翦王翦也皆秦良將頗廉頗也牧李牧也皆趙良將軍兵也萬二千五百人爲軍最極也精善也宣布也威兵威也沙說文云水散石也漠廣大也北方之地皆沙不生草木一望廣大故謂之沙漠馳馬疾行也左傳杜注云馬曰馳步曰走譽聲名也丹青皆采色圖畫之所用也言其聲名馳于圖畫之間如漢宣畫功臣于麒麟閣漢明畫功臣于雲臺之類言此四人極善用兵而布威于北方沙漠之地其名譽之遠馳至于圖畫其像而不忘也〇以上四節皆言羣英之盛如殷之有伊傅周之有旦望漢之有四皓而又廣而言之

如五霸之有謀臣七國之有策士任名法者如蕭何韓非建武功者如起翦頗牧亦不可勝數也

九州禹跡百郡秦幷嶽宗泰岱禪主云亭鴈門紫塞鷄田赤城昆池碣石鉅野洞庭曠遠緜邈岩岫杳冥

此節言王者土地之廣九州冀兗青徐揚荆豫梁雍也禹夏王跡足跡也書立政云以陟禹之迹自黃帝始分天下爲九州至虞舜又分爲十二州及禹平水土復爲九州而三代因之言九州爲夏禹所立皆其足跡之所至也百郡京兆左馮翊右扶風弘農河東河內河南頴川汝南沛梁魯魏鉅鹿常山淸河趙廣平眞定中山信都河間東陳留山陽濟陰太山城陽淮陽東平瑯琊東海臨淮楚泗水廣陵六安平原千乘濟

南齊北海東萊淄川膠東高密南陽南江夏桂陽武陵零陵長沙廬江九江會稽丹陽豫章漢中廣漢蜀犍爲越巂益州牂牁巴武都隴西金城天水武威張掖酒泉燉煌安定北地太原上黨上西河五原雲中定襄鴈門朔方涿渤海代上谷漁陽右北平遼西遼東玄菟樂浪廣陽南海鬱林蒼梧交趾合浦九眞日南凡百有三言百郡者舉大數也秦國名今陝西皆其地并者合爲一也上古至三代皆封建諸侯以分治天下至秦始皇時滅六國并天下爲一於是罷封建分天下爲三十六郡至漢時又分爲百郡言漢之百郡乃秦所并也嶽五嶽東岳太山西岳華山南岳衡山北岳恆山中岳嵩山也宗尊也泰岱即太山在今泰安州北五岳太山爲尊書舜典云至于岱宗禪封禪也於太山上築土爲

壇以祭天謂之封又于太山之下小山上除地爲墠以祭地謂之禪主依也云亭皆山名云云山在今泰安州東南亭亭山在今泰安州南皆太山之下小山也言封太山者其禪則依于云亭兩山也史記封禪書云昔無懷氏封太山禪云云伏羲氏封太山禪云云神農氏封太山禪云云炎帝封太山禪云云黃帝封太山禪亭亭顓頊封太山禪云云帝嚳封太山禪云云堯封太山禪云云舜封太山禪云云湯封太山禪云云鴈門關名在今大同府馬邑縣東南紫塞即長城也秦始皇築長城西起臨洮東至朝鮮其長萬里土色皆紫故稱紫塞雞田驛名在今冀州赤城古蚩尤所居之處在今宣府昆池即滇池在今雲南府城南一名昆明池碣石山名在今永平府昌黎縣西北鉅野澤名在今兗州府

鉅野縣東今已涸洞庭湖名在今岳州府城西南曠濶也緜邈遠貌石窟曰岩山穴曰岫杳深也冥昏暗也言王者土地廣大九州百郡皆其所有而於其中又舉土地之顯著者以言其盛如封禪之有太山云亭關有鴈門城有紫塞赤城驛有鷄田池有昆明山有碣石澤有鉅野湖有洞庭皆曠濶遙遠緜邈而無窮極其山之岩岫亦深杳昏冥而不可測也

右第三章

此章言王天下者其京都之大宮闕之壯典籍之盛英才之衆土地之廣而有如此

治本於農務茲稼穡俶載南畝我藝黍稷稅熟貢新勸賞黜陟

此以下言君子治家處身之道此節言治家者以本富爲重也治治生也本根本也於語辭農治田也漢志云闢土植穀曰農務事力也玆此也種五穀曰稼斂五穀曰穡俶始也載事也南方名司馬法云六尺爲步步百爲畝秦制以二百四十步爲畝今因之我自己也藝種植也黍稷皆穀名穀有五稻黍稷麥菽也此二句皆詩詞而作者引之也自上取下曰稅自下獻上曰貢熟者穀之成也孟子云五穀熟而民人育初成曰新論語云新穀既升勸勉也蓋勸農也賞褒而賜之也黜退之也陟進之也言治生者必以力田爲根本而專務于稼穡其始也有事南畝而種植黍稷及其成熟以之輸納貢稅勸農而賞勞之因以計其歲功而退其惰者進其勤者使之各勉于農事也俶載二句主稼而言稅

熟二句主穡而言

孟軻敦素史魚秉直庶幾中庸勞謙謹勑聆音察理鑑貌辨色貽厥嘉猷勉其祗植

此節言處身者以小心爲要也孟姓軻名敦尚也素質朴也史官名魚衞大夫名鰌字子魚秉執也直者無邪曲也論語云直哉史魚庶幾近辭不偏之謂中不易之謂庸勞勤也謙恭遜也易謙卦云勞謙君子有終吉謹慎也勑戒也聆聽也音者人之聲謂言也察審之也理道也鑑觀也貌容貌也辨別也色顏色也貽遺也嘉善也猷謀也祗敬也植立也言處身者當如孟軻之崇尚質朴史魚之執持正直庶幾近乎中庸之道而勤勞謙遜謹慎戒飭聽人之言則審其是非之理觀人之容則

辨其喜怒之色。卽論語察言觀色之意。皆以致其慎也。如是則可以無過。而所遺者皆善謀。勉于敬畏小心。以立處身之道可也。此與上節爲一章之主。以下十七節。或言處身。或言治家。皆推廣此二節之意。○按中庸爲堯舜禹湯文武周公孔子相傳之大道。而此以勞謙謹勅言之。乃漢世胡廣之中庸。而非中庸之正義也。且孟軻距楊墨明聖道。孔子之後一人而已。而此止目之爲敦素。又與史魚同類並稱。擬人不於其倫。蓋失之矣。

省躬譏誡寵增抗極殆辱近恥林臯幸卽兩疏見機解組誰逼

此節言見幾之哲。亦處身之道也。省。卽察也。躬。身也。譏。訕誚也。誡。儆戒也。寵。尊榮也。增。益也。抗者。並于上也。極。至也。殆。卽近也。辱。卽恥也。皆羞媿之意爾雅云野外謂之林皐漢書賈山傳註云水邊地也幸僥倖也卽就也疏姓也兩疏疏廣疏受也漢太子太傅疏廣太子少傅疏受以年老辭位而歸人皆高之目有所覩曰見機幾古通用微也易繫辭云幾者動之微君子見機而作不俟終日解脫之也組綬類印紱也誰何也逼迫之也言人當以訕誚儆戒之事以自省察其身而可誚可戒者莫甚于尊榮之過以上抗于至極蓋位高者身危必至貶斥削逐而恥辱之事將及矣及此時而退就林皐則可以幸免于禍如漢之兩疏見幾而作解脫組綬辭位而去何人迫之而使然哉良由其自甘恬退故耳則君子當鑒于止足之分以遠恥辱也此亦無道則隱之意

索居閒處沉默寂寥求古尋論散慮逍遙欣奏累遣感謝歡招

索蕭索獨處也居卽處也禮記檀弓云離羣而索居閒有餘暇也沉晦也默靜也寂寥空虛之貌皆所以形容其閒索也求覓也古往世也尋卽求也論辨議也散解也慮思也逍遥游息也詩小雅云於焉逍遥欣喜也奏進也累罣繫也遣驅之使去也慼憂也謝絕之也歡亦喜也招召之使來也承上節而言甘恬退而卽林皐者處于蕭索閒散之地沉靜晦默虛空無人蓋遠于朝市之喧雜也乃以其暇日考求往世典籍搜尋辨論以解散其思慮而逍遥自適其心則日進于欣喜而凡可歡者皆召之而使來至于可憂之事一無罣繫于中皆驅之使去而謝絕之蓋辭位則無憂國憂民之衷而但有林皐可悅之趣也〇此一節又爲下二節之綱領

渠荷的歷園莽抽條枇杷晚翠梧桐早凋陳根委翳落葉飄颻游鵾獨運凌摩絳霄

此承上索居閒處而言乃林皐之景物也渠溝也荷芙蕖也爾雅云其莖茄其葉荷其本蔤其華菡萏其實蓮其根藕其中的的中薏的歷光彩爛灼之貌吳蘇彥芙蕖賦云映的歷于朱霞說文云樹果曰園莽茂草也抽拔也條枝也枇杷果名其葉四時不凋晚歲暮也翠鳥名其羽青故以青色爲翠梧桐木名凋葉落也梧桐應秋之候立秋節至一葉先墜故云早凋陳故也根草木之本也委棄也翳自斃者也詩大雅云其菑其翳落衰謝也飄颻風動物也爾雅云回風爲飄鵾鳥名運轉動也凌出其上也摩迫也絳赤色霄爾雅云近天氣也言林皐之中渠有

的歷之荷圜有抽條之莽枇杷則歲暮而猶茂梧桐則當秋而先零根之陳腐者委棄而自斃葉之衰謝者隨風而飄颻至于鵾鳥之游獨運轉于天際凌虚摩空而在絳霄之上其草木禽鳥之美如此見索居閒處之樂也

耽讀翫市寓目囊箱

此承上求古尋論而言耽溺也讀習其文也翫者熟觀之也市說文云買賣之所也漢王充家貧無書嘗游洛陽書肆閱所賣書一見輒能記憶寓寄托也囊說文云橐也有底曰囊無底曰橐箱竹器皆所以貯書者也言求古尋論者其志之所好如王充之耽于讀書至適市以翫其文而目所寄托惟囊箱中所貯之書籍也

易輶攸畏屬耳垣牆

此言言語之謹亦處身之道也易忽之也輶輕也詩大雅云德輶如毛攸所也畏懼也屬進也垣卽牆也詩小雅云君子無易由言耳屬于垣言勿以言語爲輕忽此正所當畏者雖隔垣牆而聽之者連屬于其所矣出我之口卽入人之耳可不畏哉

具膳餐飯適口充腸飽飫烹宰饑厭糟糠親戚故舊老少異糧

此下十節皆言治家之道蓋推其類而廣言之此言飲食之節也具辦也膳食也餐吞也熟穀而薦之爲飯適便也充滿也飽食多也飫卽厭也烹煮也以物調和食味也宰屠殺也饑餓也厭足也糟者酒之滓糠者米之皮漢書食貨志云貧者食糟糠親戚姻眷也故舊昔所知識之

人也老年長者少年幼者異分別之也糧食也言辦膳以爲食者惟欲適于口以滿其腹而已故飽則雖有肥甘亦厭飫而不能食餓則雖糟糠之粗亦自以爲足然則親戚故舊之老者少者當分別其食蓋老者非肉不飽少者粗糲可充不可以無節也

妾御績紡侍巾帷房紈扇圓潔銀燭煒煌晝眠夕寐藍筍象牀

此言寢處之安妾次於妻者禮記內則篇云聘則爲妻奔則爲妾六書正譌云从立从女侍側之義御即侍也績緝麻也紡說文云網絲也巾者蒙首之衣釋名云二十成人士冠庶人巾春秋左傳嬴氏對晉太子曰寡君使婢子侍執巾櫛帷釋名云圍也以自障圍也說文云在旁曰帷在上曰幕房室也齊地之絹曰紈扇者招風之物方言曰自關而東

謂之箑自關而西謂之扇紈扇以紈爲扇也圓言其形潔淨也班婕妤詩云新裂齊紈素鮮潔如霜雪裁成合歡扇團團似明月爾雅云白金謂之銀燭蠟炬也穆天子傳云天子之寶璿珠燭銀郭璞云銀有精光如燭也煒煌火光炫耀之貌晝日中也眠臥也夕暮也寐眛也目閉而神藏也莊子云其寐也魂交藍染青之草筍竹萌也書顧命云敷重筍席蓋以蒻竹爲席也象獸名其牙可以飾器牀說文云身之安也釋名云人所坐臥曰牀言妾御之職以績麻紡絲爲事而執侍巾櫛于帷幕房室之內因言帷房之中以紈爲扇而團圓潔白有燭如銀而光輝煒煌其晝之所臥夕之所寢有藍色之筍席與象牙所飾之牀其美如此

弦歌酒讌接杯舉觴矯手頓足悅豫且康

此言宴會之樂弦絲樂也琴瑟之屬歌唱也論語云聞弦歌之聲戰國策云帝女儀狄作酒讌置酒以會客也接受也杯觴皆酒器舉動也矯高舉之貌以足着地曰頓悅豫皆喜也且語辭康安樂也言作樂置酒以宴賓客而捧杯觴者則高舉其手聞弦歌者則以足頓地而爲之節其心喜樂而安康也

嫡後嗣續祭祀烝嘗稽顙再拜悚懼恐惶

此言祭祀之禮嫡妻所生之子也後承祖父之宗者也嗣繼也續接也詩小雅云似續妣祖以飲食享其先人曰祭祀烝嘗皆祭祀之名禮記王制云春曰礿夏曰禘秋曰嘗冬曰烝言烝嘗而不言礿禘省文以就韻也顙額也稽顙以額至地也再重也拜以手伏地也禮記檀弓云稽

顙而後拜頎乎其至也悚懼恐惶皆畏怖之意甚言其敬之至也言嫡子而爲後者以繼續其祖父而修四時祭祀之禮其祭必敬以首叩地重之以拜所以深致其怖畏也

牋牒簡要顧答審詳

此言應酬之方牋說文云表識書書版曰牒說文云札也簡略也要約也顧回視也答對也審熟察也詳備也言與人酬接者以筆札對人則撮其要略使覽者不煩以言語對人則熟察其理而備言之使聽者周知也雖詳略不同而各有其方如此

骸垢想浴執熱願凉

此言人情之宜骸身體也莊子云百骸九竅六藏賅而存焉垢汙穢也

想思也浴澡身也執持也熱釋名云爇也如火所燒爇也願欲也凉寒氣也詩大雅云誰能執熱逝不以濯言身之汗穢者則思澡洗以潔之執持熱物者則欲寒氣以解之皆人情之所同然者也

驢騾犢特駭躍超驤

此言畜產之蕃曲禮云問庶人之富數畜以對卽此意也驢說文云似馬長耳騾說文云驢父馬母也犢說文云牛子也特豕子也爾雅云豕生三豵二師一特駭驚也躍跳也超躍而過也驤騰躍也言此四畜驚駭跳躍其材可用居家者所不可無也

誅斬賊盜捕獲叛亡

此言禦患之術誅戮也斬殺也春秋左傳云殺人不忌曰賊又云竊賄

爲盜捕擒也獲得也叛背也亡逃也言禦患者於攻劫竊盜則必誅戮斬殺之有背叛而逃亡者則必追擒而得之然後可無患也

布射僚丸嵇琴阮嘯恬筆倫紙鈞巧任釣釋紛利俗並皆佳妙

此言器用之利伎藝之精處家者皆不可不備也布呂布也射發矢也劉備與袁術相攻呂布曰布不喜合鬬但喜解鬬耳令樹戟于營門言諸君觀布射戟小支一發中者諸君當解去即舉弓射戟正中小支僚熊宜僚也丸彈也宜僚善弄丸八者常在空中一者在手嵇姓名康本姓奚以避怨移家于譙國銍縣嵇山之側因以爲姓琴樂器嵇康善彈琴嘗遊洛西遇異人授以廣陵散聲調絕倫阮姓名籍嘯蹙口出聲也阮籍善嘯陳留有阮公嘯臺恬蒙恬也筆釋名云述也述事而書之也

博物志云蒙恬造筆倫蔡倫也紙釋名云砥也平滑如砥石也漢和帝時常侍蔡倫作紙鈞馬鈞也扶風馬鈞性巧造指南車又作木人能跳舞與人無異任姓以餌取魚曰釣任公爲大鈞以十五犗爲餌投于東海得大魚而腊之自淛河而東莫不厭若魚者釋解也紛煩亂也利便也俗世俗也並并也皆俱也佳善也妙好也言此數者皆可以解煩理亂而便於世用佳善而好妙也

毛施淑姿工顰妍笑

此言美色之宜遠亦處身之道也毛毛嬙也施西施也皆古之美人愼子云毛嬙西施天下之至姣也淑美也姿容也工善也顰蹙眉也莊子云西施病心而顰人見而美之妍好也笑喜而解顏也詩衛風云巧笑

倩兮言婦容之美如古毛嬙西施而又善自修飾工于顰而巧于笑足以迷惑人也

年矢每催曦暉朗耀璇璣懸斡晦魄環照指薪修祜永綏吉劭

此言爲善之宜勤亦處身之道也年歲也矢漏矢也漢書律歷志云孔壺爲漏浮箭爲刻每頻也催促也曦暉皆日之光朗明也曜卽照也璇美珠也璣機也書舜典云在璿璣玉衡懸繫於空處也斡轉也蓋以美珠綴于璣上以象列宿次舍而懸空轉動以應天之運行猶後世之渾天儀也晦月盡也魄月體之黑者環還也言月至晦則無光而但有體魄至于來月又復生明循環相照也然于年矢則言日暉于璇璣則言月魄亦互文以見義也指示也薪柴也莊子云指窮于爲薪火傳也不

知其盡也修治也自治其身也祜福也永長也綏安也吉祥也劭勸勉也言人當力于爲善惟日不足年歲之去有漏矢以頻催璿璣之運動者晝夜相迫晝則日光朗照夜則月魄循環日月逝而老將至不可以不修也因舉莊子指薪之喻言薪雖盡而火則傳惟勤修以獲福則其身長安不與年而俱盡其以吉祥之事自爲勸勉可也

矩步引領俯仰廊廟束帶矜莊徘徊瞻眺

此言威儀之宜慎亦處身之道也矩爲方之器步足蹈也禮記玉藻篇云折旋中矩引延也領頸也孟子云引領而望垂首爲俯舉首爲仰廊廡也廟者棲神之處束繫也帶說文云紳也矜者持守之嚴莊者容貌之端徘徊徬徨不進之貌瞻仰視也眺望也言慎其威儀者其行步必

合于矩而舉首延頸一俯一仰之間如在廊廟之中有束帶端嚴之象而徘徊瞻眺無不中禮也蓋入廟則思敬而束帶乃盛服舉此以見動容之恭猶論語如承大祭如見大賓之意俯承上矩步而言仰承上引領而言徘徊亦承上矩步瞻眺亦承上引領也

孤陋寡聞愚蒙等誚

此節總承上文而結言之以致其儆戒之意孤獨也陋鄙也寡說文云少也聞知識也愚者無知之人蒙昧也等類也誚譏也言處身治家其道多端所當博考而詳識之若孤獨鄙陋少所聞識則與愚昧無知之人同類而共譏矣可不戒哉

右第四章

此章言君子窮而在下惟盡其處身治家之道蓋與上章對待言之處身者以小心爲要因推其類而言見幾之哲美色之遠爲善之勤以及言語之謹威儀之愼無之可忽治家者以本富爲重因推其類以及飲食之節寢處之安宴會之樂祭祀之禮應酬之方人情之宜禦患之術畜產之蕃器用之利伎藝之精亦無之可忽也末則總言以深戒之

謂語助者焉哉乎也

謂稱也語言也助輔益之也凡語意已全而辭未足則以通用之字益之謂之語助哉乎疑辭焉也決辭言焉哉乎也四字乃助語之辭也此與通篇文不相蒙蓋作者爲文既終而猶存數字乃別爲一章附于篇

末以歸其餘也然此數字乃通用之辭使他人爲之或用之以成句或用之以就韻早已見于前矣安能俟之篇終哉作此文者其才過人遠矣○按此篇惟首二句疊韻葢凡文之發端多有然者其餘則皆以兩句爲韻至此二句又用疊韻故知其別爲一章而不蒙上文也

右第五章

按此篇凡四章而以次章爲主首言天地人之三才以發其端見人與天地並重不可以不修身也能修其身而吾道得行達而在上以之王天下而有餘若不得志則窮而在下以之謹身寡過自齊其家亦無不足葢五常之德君子所性大行不加窮居不損者也自始以至終篇文雖不屬而意實相承讀者豈可以其童蒙所習而不深察

之哉。

序

蒼頡造字秦更八體若大小篆刻符摹印蟲書署書殳書隸書是也甄豐刊而爲六衛恆裁而爲四蕭子良增之有稾書楷書蓬書懸針書垂露書飛白書塡書奠書鳥書虎爪書偃波書鶴書仙人書芝英書十

二時書倒薤書龜書麟書金錯書蚊脚書諸名可謂夥矣然未有衍而爲百者今觀孫子鳳居所輯自太極以下乃有一百三十體此子雲之所不暇問叔夜之所未能識也而吾更有進焉夫書之變也豈惟歷代不同亦且殊方各別今

本朝國書旣已開闢千古而予嘗纂外國傳所見朝鮮琉球暹羅眞臘默德那毆邏巴之屬未可更僕數也朕其奉金葉表文來貢者莫不有字可譯而傳由此以推巧歷難算區區百體又多乎哉獨是梁氏千文偶一爲之未必與六書求合而孫子意匠

經營分配之妙若出天肰雲鬱蟬揚不可
方物異哉技至此乎昔周興嗣一夜編綴
鬚髮皆白今孫子以十年之功成之吾憂
其將爲白頭翁矣
康熙乙丑夏五吳門尤侗譔

序

古者書與畫同出畫取形書取象畫取多書取少凡象形者皆可畫也不可畫則無書矣然書窮能變故畫取多而得算常少書雖取少而得算常多六書也者皆象形之變也鄭夾漈推

象形有十種而旁出有六象謂天地山川井邑艸木人物鳥獸蟲魚鬼物器用服飾之形而有象貌象數象氣象聲象屬之別象形而兼諧聲者則曰形兼聲象形而兼會意者則曰形兼意十形猶子姓也六象

猶適康也兼聲兼意猶姻婭也六書之理暨古文篆籀分隸真草華梵之類胥出於此矣武林孫君鳳居博古嗜奇藏弆金石叢刻亡慮數十百家獨出己意將周興嗣千字文以百家書法書之依

緣意想窮巧極變光彩陸離真
奇書也余素不知書亦不知其書
之盡合古人與否世必有好奇之〻
士能識之〻者是為序
康熙己未八月玉峯徐乾學撰

百體千文叙

竊聞楊子雲雄善識古文奇字載酒造問者嘗屢滿戶外子雲之奇略見於太玄法言中而字畫體制不少概見無從稽攷夫倉頡史籀乃篆體之權輿也乎上古之書歷代時王之所重蓋不知凡幾泰岱衡嶽名山奧府金石之刻如石鼓岣嶁諸碑雖有存者不過

剥蝕希微之餘影耳在唐宋時若韓若柳若歐蘇諸名公已莫可識辨他曷論哉籀之大篆始壞於秦斯翻為小篆業已破觚逾矩迨晉魏盛行楷隸行草鍾王最稱善書徒以姿媚取悅於世六書八體蕩廢盡矣簡策表著維漢許慎說文徐鉉增脩古篆後世好古尚論者因得宗奉為繩尺允稱籀史功臣若倉

頡十五篇只虛懸其名目見者亦罕尚書藏諸孔氏壁中以避秦燔皆蝌蚪文字今尚書以伏生口授參之孔壁所藏雖有今文古文之異而鏤板一遵時王之制文字非復蝌蚪之舊矣武林孫鳳居先生再世子雲也游寓吳門酷嗜古學篋藏金石篆刻不下數百餘種朝夕把玩往喆有言古文奇字不必盡識

列之几案間如商彝周鼎白珩蒼玉自有一種奇古氣象諒哉斯言先生能默領其趣矻無倦志可謂勤且專矣閱之既久忽悟龍圖龜文乃天地之心訣是謂至瑞至寶不秘惜而畀之聖人羲皇則河圖而畫卦神禹因洛書而叙疇潤後世文字之祖已久先生書九疇文與八卦文並列以補千古之缺尤屬創

獲閣書二文弁首斯得其淵原矣更取梁散
騎侍郎周興嗣千字文博搜古今奇字每二
句書一體每一體凡八字總四百體千文獨
存匠心繕寫授梓嗟嗟古學不興古篆體之
湮沒罔聞於世也非一日矣先生乃探研而
篤好之朝搜而夕書之殆無虛晷會今古於
靈臺傳天地之心訣匪特爲籀史之忠臣而

已得千秋萬世後有閱其書者知其字之奇若此知其人之奇品行之奇又若此而能遺世獨立超出於古人之上令人景行克念曷有既耶

康熙歲次壬戌季春雪丁老人徐南復題

自述

古人有畫癖有書癖津津不休没齒而後已予自謂近之于凡縹緗黃卷手不停披宋元諸名人畫跡愛之倣之若倪迂若米顛若大癡山人所願學步趨而不敢懈者也尤好篆籀書法庖犧創畫以來倉頡制形而後鳥文蟲體廣搜慱覽稽古辨今彙成百體千文一帙懼其湮没壽之梨棗惟與二三同調自娛不求爲世所知又何曾念及爲

天子　王公賞乎
天子閒　王公見爲是書之幸也予敢惜捋辭紀一時
之勝己巳仲春
聖駕南巡至吳燈綵煇煌于里巷杏花天再續元宵龍
舟轟掣於城闉芳艸節預賒端午維時從行者三百
餘騎若將若相名臣碩輔咸在其中　君民相親上
下不隔予是集城東耆老進　萬壽之宴粢盛孔具
肴核畢陳長跪頂奉

天子謁龍顏和玉音親受福州紅橘一白粲盈掬意祈
民膺福而充食也復製宸藻以美之琳瑯可咏是日
歸而明旦　索公見予書遣貟諮訪道達誠意願一
把臂焉　索公者國丈索大人時之宰輔也從貟偕
往延入内署忘其勢而待之以隆禮備問篆體縱談
殊愜撫予曰佇進　九重蒲輪可待也予謝不敏揖
而出復購予手繪普門品像一卷奉貯宮中予樂進
之因語家人予齒及耄矣雅尚自高遯世無聞不謂

以老而得
天子慰焉不謂以書而得王公敬焉畢生勤苦而有是書
天子知我名矣雖駑鈍無能不敢媿四皓見重於漢高
而予是書獲陳之秘閣與名賢鉅卿之著述並存不
朽其為寵榮之至矣予之癖殆不枉矣家人曰唯酌
酒為慶爰抽毫以誌之

七十三叟西湖孫枝秀謹述

歷朝聖賢篆書百體目

太極
龜書
河圖
古文
八卦文
鳥跡文
洛書
籀文
九疇文
鐘鼎文
蝌蚪文
鸞鳳書
穗書
商鐘文
龍書
炎亂文
垂雲篆
寶鼎篆
墳書
芝英篆

上方大篆　衡持篆
麟書　刻符篆
虹霓篆　雕蟲篆
根梗篆　大凬章
小篆　金釧文
轉宿篆　方塡書
方直篆　石鼓文
倒薤篆　薇垂篆
說文　垂露篆
水紋篆　蓏華篆
天祿文　中正篆

童首篆
華菡篆
菽篆
貉尾篆
覆戴文
懸鍼篆
剪刀篆
大篆
鳥篆
規矩文
奇字篆
佐書
孔方文
纓絡篆
楷字
鼠尾文
上方小篆
古尚書
八角垂芒篆
古錢文
魚書
灃字

塡篆
鳳尾書
虎爪篆
方勝文
花草書
金縢篆
寶帶篆
碧落篆
蟲書
鶴書
杉枝文
殳篆
雁字
鵠頭書
偃波篆
太極篆
蛟脚篆
漢草篆
禹碑文
藕絲文
剛錯文
精縕文

鼎小篆　竹書
南山文　梅花篆
秦璽文　垂露文
玉霄文　斜疊篆
托蓮文　龍爪篆
三台篆　八寶文
飛白篆　繆書
摹印紅文　香煙篆
麥實文　靈芝篆
殞篆　木簡文
槲葉文　行草篆

釵股篆　迴鸞篆
正疊篆　鐵線文
柏子文　急就章
金鈎篆　流金文
金剪書　陰陽文
柳葉篆　古鳥跡
星斗篆　金錯刀
雲篆　象形文
鳥書　罘罳篆
玉筯篆　清濁篆
開元文　九疊篆

未刻篆書目 古書攷有體法未見

八龍雲篆 出雲笈七籤
僊人形書 高辛作或云李斯改
氣候書 司馬相如作
傳言書 出六國時
署書 漢蕭何作
鬼書 宋元嘉作
魁斗書 宋王融古今雜體有六十種
天目書 出法苑珠林
球珠文 出王暗文志
瑞芝文 出墨藪
流香文 出墨藪
蓮葉書 出書斷
十二時書 史籀作蓋像神形
雙鈎書 出漢書
一筆書 張芝作
萬歲籐 七國時作
飛霞章 出墨藪
如意文 出古今雜體
禿筆書 出羊欣筆陣圖
復書 史籀作

虎書史佚作
景雲書出翰墨叢珠
天竺書出廣博物志
玉函文董氏書藪
汗簡文出古籍
虵書魯唐終夢虵遶身作
光明章出道書
神霄篆出道書

膏書董仲舒作
八體書二王作
西斗文出漢書
中夏書漢書
玉榮文出書法苑
黼黻章出文字志
玉藻文出古文
老子文金石韻府

歷朝聖蹟篆書百體千文

茂苑尤悔庵先生鑒定

梁敕貟外散騎侍郎周興嗣次韻

西湖後學孫枝秀鳳居攷古集篆

濂溪後裔武林周霦雨孚氏叅訂

龍馬負圖
神龜獻書
鳳居寫

圖

太極

萬物化生莫不以太極為根宗孔子所謂易有太極是也濂溪先生述為圖説洩千古不傳之秘釋氏華嚴為字母老氏金丹三教一也

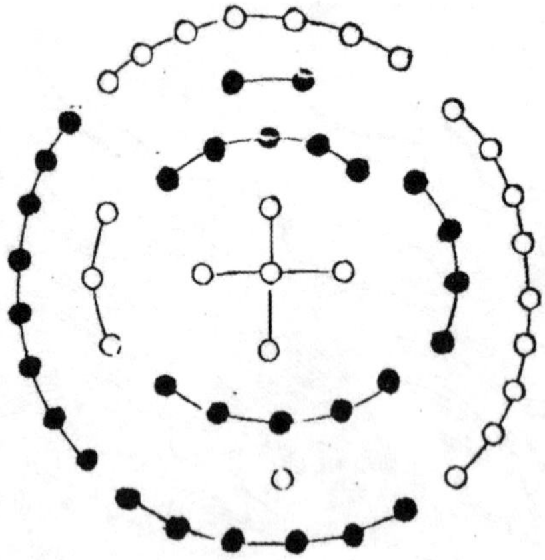

河圖

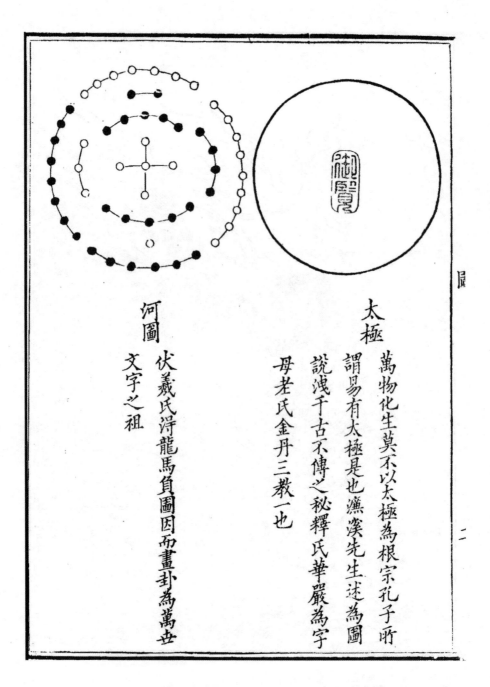

伏羲氏得龍馬負圖因而畫卦為萬世文字之祖

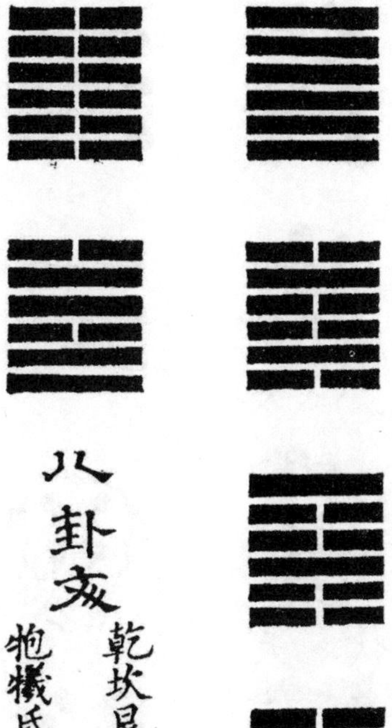

八卦爻

乾坎艮震巽離坤兊

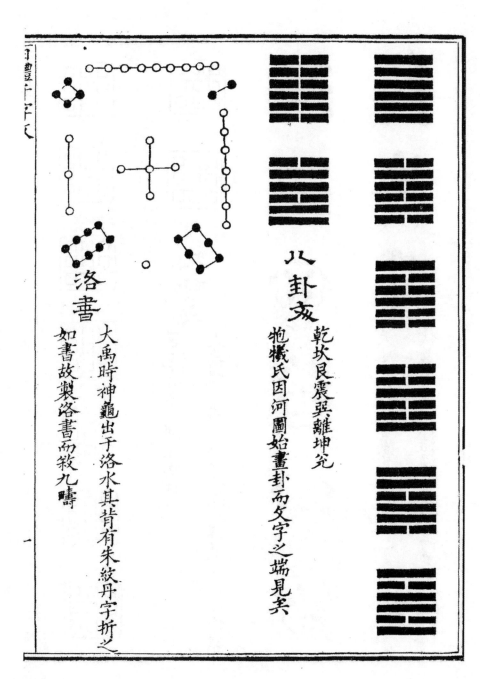

抱犧氏因河圖始畫卦而文字之端見矣

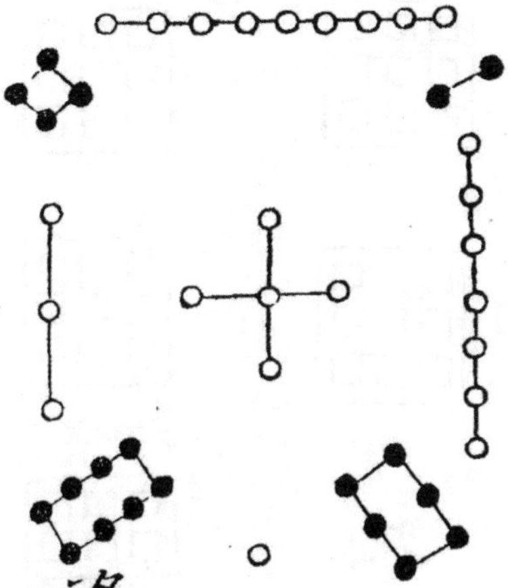

洛書

大禹時神龜出于洛水其背有朱紋丹字拆之

如書故製洛書而敘九疇

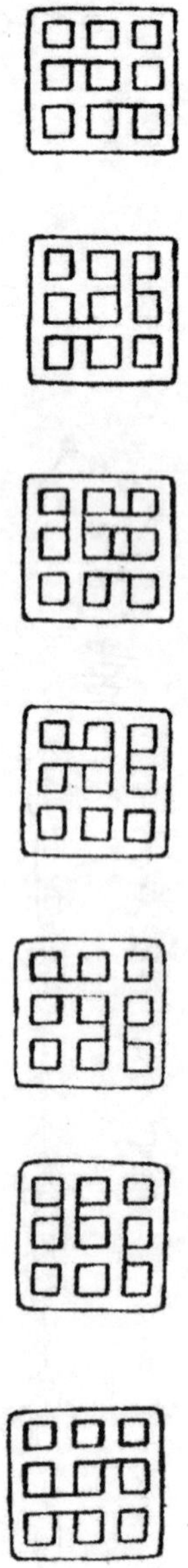

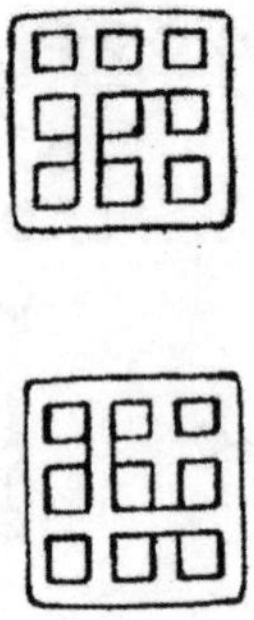

九疇文

冀兗青徐揚荊豫梁雍

大禹覩神龜而敘疇八家同井箕子因之作範

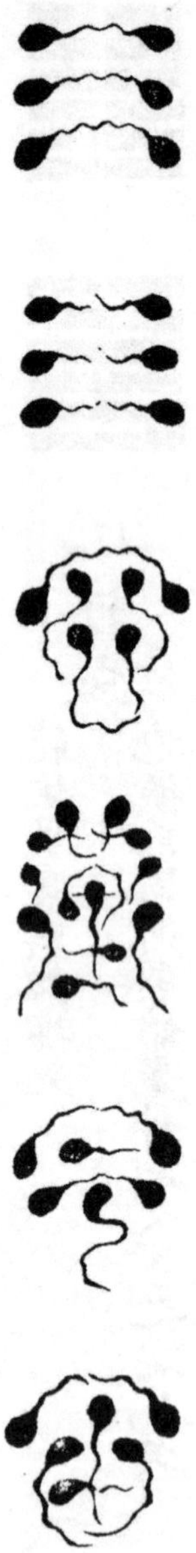

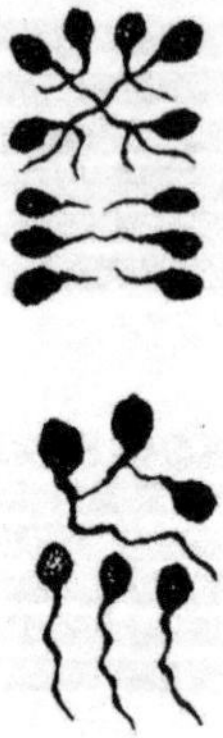

蝌蚪文

天地玄黃宇宙洪荒

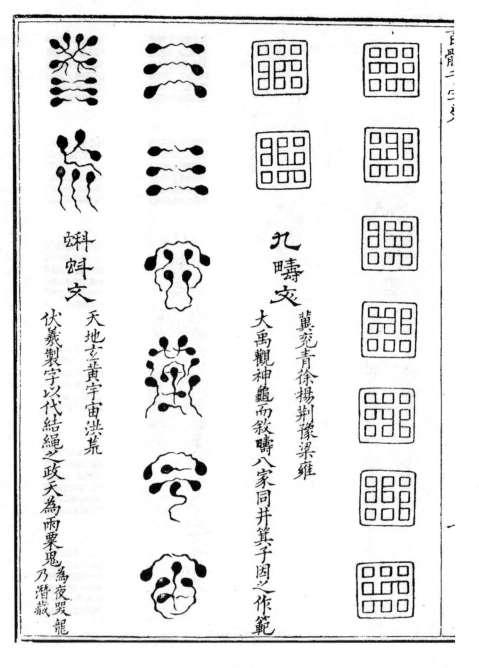

伏羲製字以代結繩之政天為雨粟鬼為夜哭龍乃潛藏

穗書

日月盈昃辰宿列張

神農因上黨生嘉禾八穗之祥故作此書

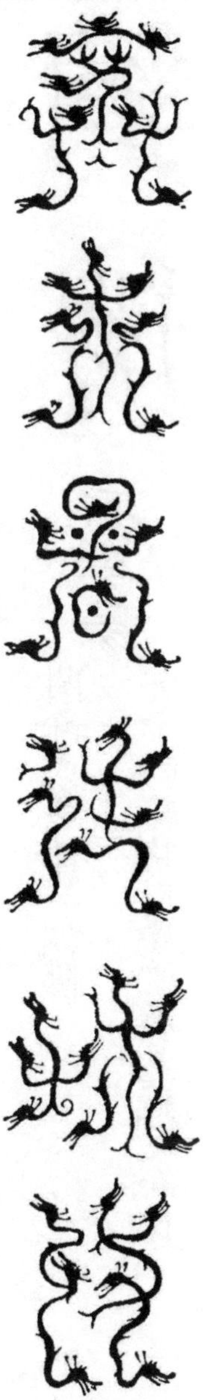

龍書

寒來暑往秋收冬藏

庖犧氏因獲景龍之瑞以龍師官而作龍書

閏餘成歲律呂
調陽

垂雲篆

閏餘成歲律呂調陽

黃帝軒轅時因慶雲屢見殿廷而作

雲騰致雨露結
為霜

寶鼎篆

雲騰致雨露結為霜

大禹治水收九牧之金鑄鼎于荆山以鎮九州

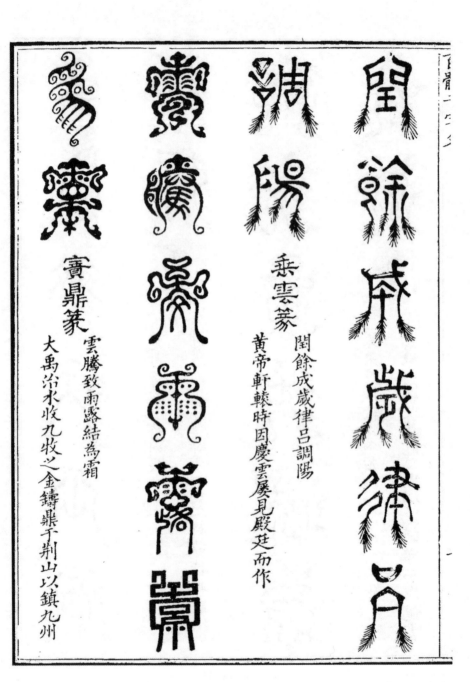

金生麗水玉出崑岡

龜書

金生麗水玉出崑岡

堯因軒轅時神龜負圖出于洛水之間而作

劍號巨闕珠稱夜光

古文

劍號巨闕珠稱夜光

蒼頡四目仰觀奎星圓曲之勢俯察龜文鳥跡之形

鳥跡文

果珍李柰菜重芥薑

黃帝命蒼頡觀獸蹄鳥跡之形始製文字

籀文

海鹹河淡鱗潛羽翔

周宣王勅太史作八體因名之籀世人稱籀文

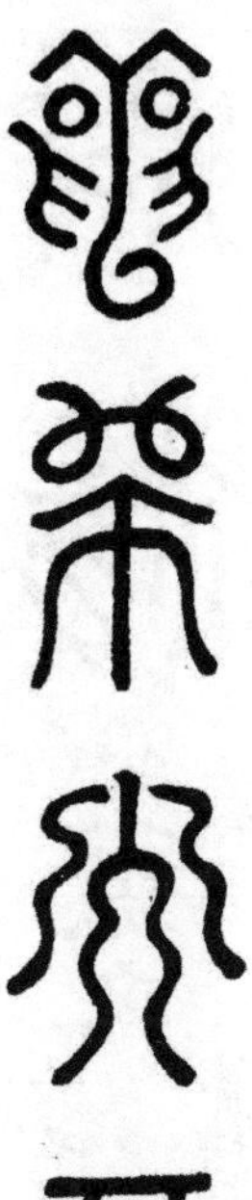

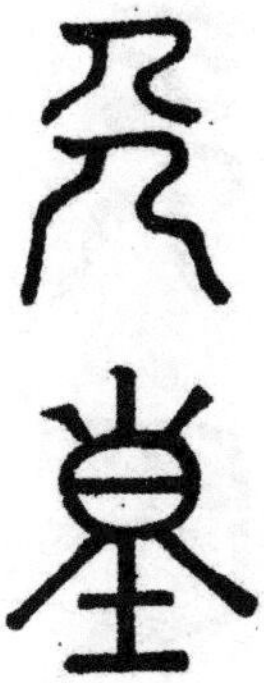

鐘鼎文

龍師火帝鳥官人皇

夏后三代時刻銘鍾鼎卣彝勒石之文

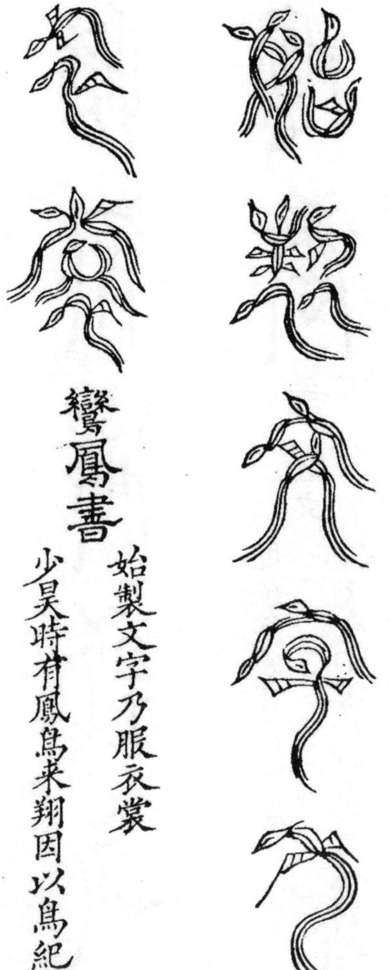

鸞鳳書

始製文字乃服衣裳

少昊時有鳳鳥来翔因以鳥紀官而作鳳書

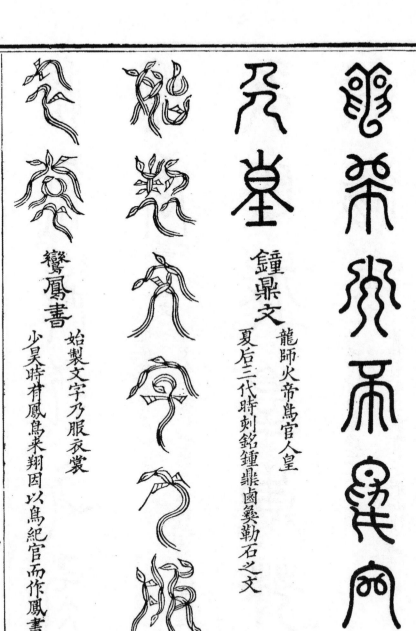

推位讓國有虞

陶唐

商鍾文

推位讓國有虞陶唐

鍾文有十書藏維揚真傳國之偉寶百世之法式

弔民伐罪周發

殷湯

菱薆文

弔民伐罪周發殷湯

蒼頡製文字取艸卉之形而作八體

坐朝問道垂拱

平章

瓚書

坐朝問道垂拱平章

漢周媒氏以仲春之月判會男女以此文表信往来

愛育黎首臣伏

戎羌

說文

愛育黎首臣伏戎羌

許慎說文起於東漢歷代傳寫訛謬徐鉉攷正

遐邇壹體率賓歸王

上方大篆

遐邇壹體率賓歸王

秦程邈飾李斯之法及符印至今通用

鳴鳳在竹白駒食場

麟書

鳴鳳在竹白駒食場

孔子因麒麟吐玉書于闕里故作春秋弟子為素王作

化被草木賴及萬方

虹霓篆

蒼頡四目仰觀天文俯察地理象形八體

葢此身髮四大五常

梘樳篆

梁呂僧虔歸慈肆而作此體

小篆

恭惟鞠養豈敢毀傷

秦李斯變古文之法增損大篆籀文謂之小篆

轉宿篆

女慕貞潔男效才良

熒惑退舍司星子作其體有二法

方匾篆

知過必改得能莫忘

漢楊雄居壻山之陽作訓纂擬蒼頡之法

倒薤篆

罔談彼短靡恃己長

仙人務光辭湯之禪太清冷之陂植薤而食所作

信使可覆器欲難量

芝英篆

信使可覆器欲難量

陳遵作因芝生漢武殿既歌芝房之曲又述芝英之書

墨悲絲染詩讚羔羊

衡持篆

墨悲絲染詩讚羔羊

梁羊侃武帝製詩應詔歸署而作此體

景行維賢克念作聖

刻符篆

景行維賢克念作聖

秦壞古文定八體取竹中剖之字形半分理之狀

德建名立形端表正

雕虫篆

德建名立形端表正

魯秋胡妻春居翫蠶為此書其勢屈曲自若蠶形

大風章

空谷傳聲虛堂習聽

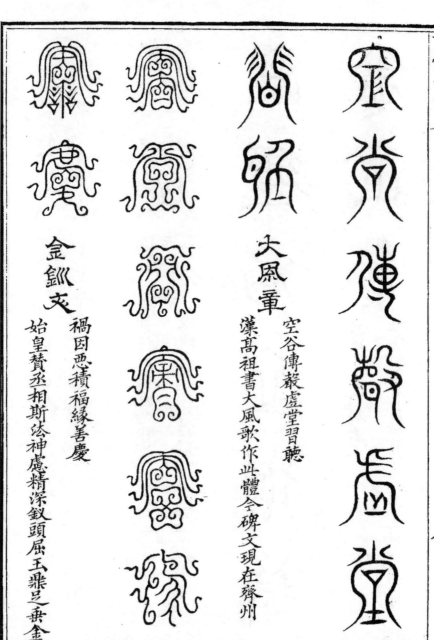

漢高祖書大風歌作此體今碑文現在齊州

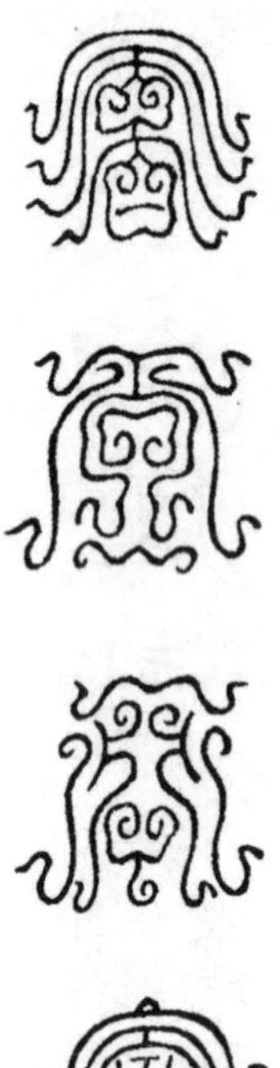

金錯文

禍因惡積福緣善慶

始皇賛丞相斯妙神處精深釵頭屈玉鼎足垂金

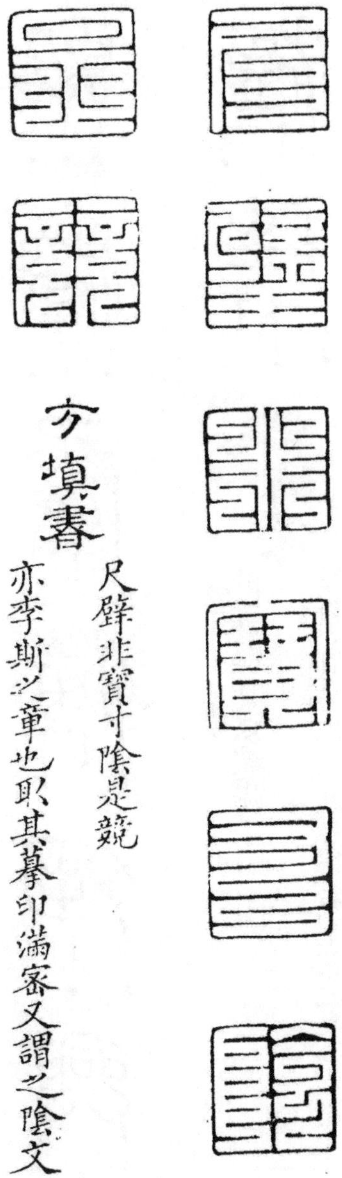

方填書

尺璧非寶寸陰是競

亦李斯之章也取其摹印滿密又謂之陰文

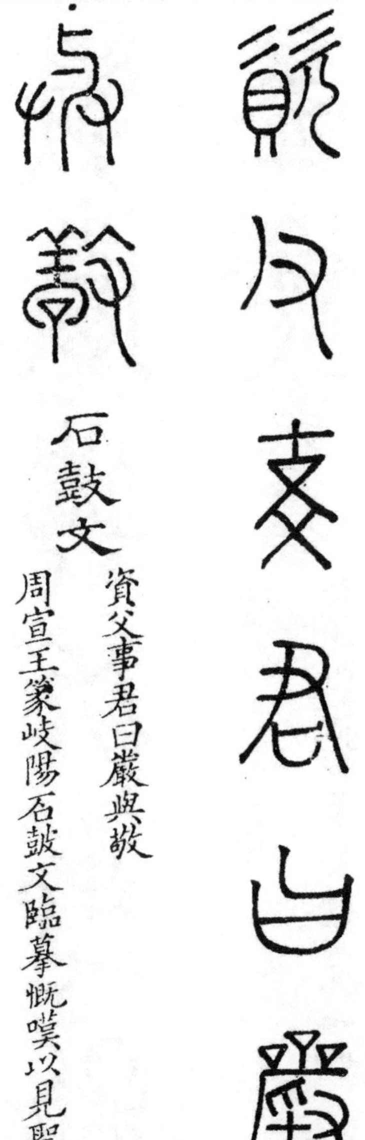

石鼓文

資父事君曰嚴與敬

周宣王篆岐陽石鼓文臨摹慨嘆以見聖賢心畫

孝當竭力忠則
盡命

薇垂篆

孝當竭力忠則盡命

蒼頡俯察地理象形八體此其一也

臨深履薄夙興
溫凊

垂露篆

臨深履薄夙興溫凊

扶風曹喜作謂其點綴若濃露之垂纍纍欲落之象

似蘭斯馨如松之盛

水紋篆

似蘭斯馨如松之盛

蒼頡俯察地理取象形於水而作八體

川流不息淵澄取映

天祿文

川流不息淵澄取映

劉向校書天祿閣以藏內府秘書因題其閣名

童晉篆

容止若思言辭安定

漢時所作又謂之孩兒面今人摹印皆做此文

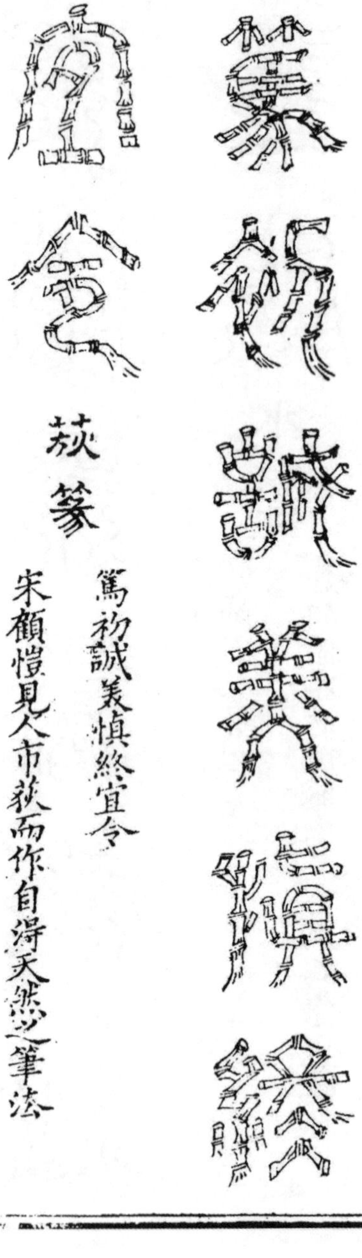

荻篆

篤初誠美慎終宜令

宋顏愷見人市荻而作自得天然之筆法

榮業所基籍甚
無竟

覆載文

榮業所基籍甚無竟

蒼頡仰觀俯察有天地覆載之形而作

學優登仕攝職
從政

翦刀文

學優登仕攝職從政

韋誕所製漢之銖而新之刀布皆古之錢名也

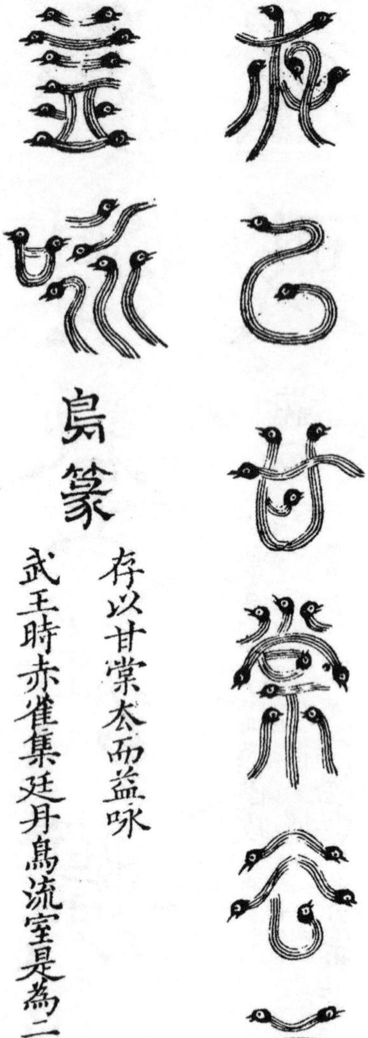

鳥篆

存以甘棠去而益詠

武王時赤雀集廷丹鳥流室是為二祥史佚作

奇字篆

樂殊貴賤禮別尊卑

甄豐定古文惟楊子雲攻習尤精人皆載酒問奇字

上和下睦夫唱婦隨

孔方文

上和下睦夫唱婦隨

郭璞居河東撰新林研攷蒼頡訓纂而作

外受傅訓入奉母儀

楷字

外受傅訓入奉母儀

大司空甄豐定古文之汵丗其一也

諸姑伯叔猶子比兒

蘇華篆

諸姑伯叔猶子比兒

梁顧野王出郊遊獵見艸卉之實而作

孔懷兄弟同氣連枝

中正篆

孔懷兄弟同氣連枝

唐顏真卿臨池學書考古証畫有中正之意

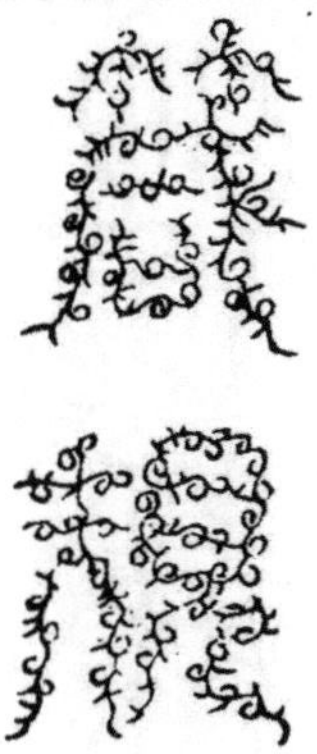

葶蔽篆

交友投分切磨箴規

漢梅福觀事理有經綸之道作此以諭之

鵒尾篆

仁慈隱惻造次弗離

宋王山谷於舒州石牛洞谿澗中見野鵒而作

節義廉退顛沛

匪虧

懸鍼篆

節義廉退顛沛匪虧

漢曹喜用題五經篇目其勢纖直若懸鍼故名之

性靜情逸心動

神疲

大篆

性靜情逸心動神疲

史籀著書十五篇現行于世然諸體之變總不離大篆之本源

規矩文

守真志滿逐物意移

宋陳希夷居華山石室取内方外圓有規矩之形

佐書

堅持雅操好爵自縻

蕭子雲論王次仲飛而不白蔡伯喈白而不飛

都邑華夏東西

二京

纓絡文

都邑華夏東西二京

後漢劉德昇字君嗣所作因夜觀星象而為此法

背邙面洛浮渭

據涇

鼠尾文

背邙面洛浮渭據涇

漢章帝作此體謂之釘頭鼠尾勢如斬釘截鐵之狀

宮殿盤鬱樓觀飛驚

上方小篆

宮殿盤鬱樓觀飛驚

秦始皇令程邈所作篆法殊絕獨冠古今

圖寫禽獸畫彩仙靈

垂芒篆

圖寫禽獸畫彩仙靈

蔡邕入嵩山學書於石室內得八角垂芒篆歸而喜之三日不食

丙舍傍啟甲帳對楹

魚書

丙舍傍啟甲帳對楹
武王伐紂渡孟津中流因白魚入舟之慶而作

肆筵設席鼓瑟吹笙

填篆

肆筵設席鼓瑟吹笙
周媒氏以此書為納彩之文今摹印滿寀又謂之方填書

虎爪篆

陛階納陛弁轉疑星

齊瑯琊王僧虔所作昔尚書臺徵召皆用此文

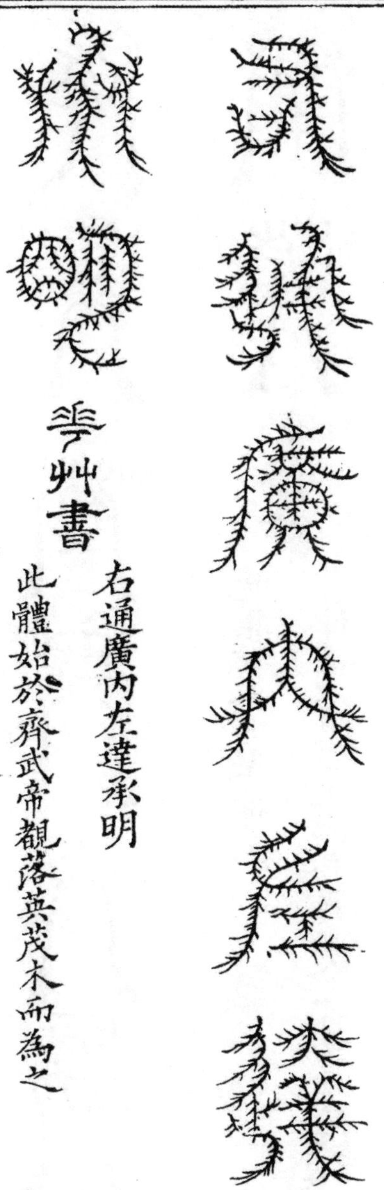

垂艸書

右通廣内左達承明

此體始於齊武帝覩落英茂木而為之

既集墳典亦聚

群英

寶帶篆

既集墳典亦聚群英

唐仲昌以此體上賜烏程縣令書韋承慶碑善政

杜稾鍾隸漆書

壁經

蟲書

杜稾鍾隸漆書壁經

甄豐定古文六體其一曰虫書以書幡信也

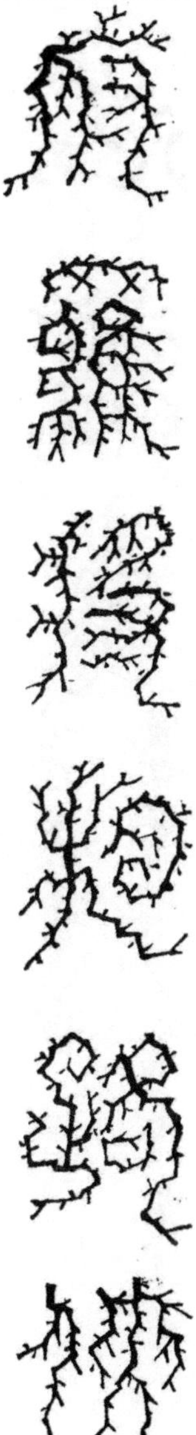

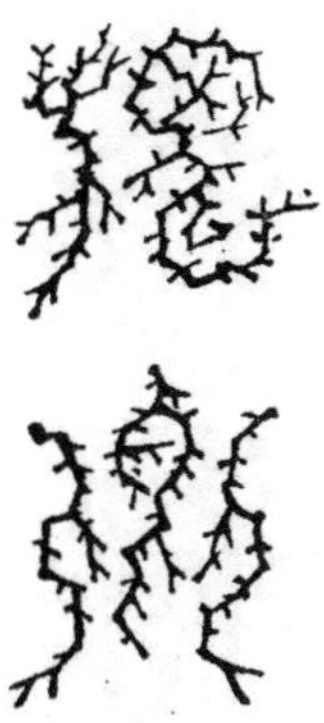

杉桂文

府羅將相路俠槐卿

唐虞世南遨遊憩林見枝影而作此體

雁字

戶封八縣家給千兵

上古之書或因鳥獸艸木山水魚龍飛舞動影而成其字

高冠陪輦驅轂振纓

古尚書

高冠陪輦驅轂振纓

魯恭王壞孔子故宅得壁中古文尚書孝經

世祿侈富車駕肥輕

古錢文

世祿侈富車駕肥輕

漢韋誕所書因名銖兩之錢而作是體

策功茂實勒碑刻銘

遷字

策功茂實勒碑刻銘

甄豐定古體之一取如泗水流動之貌

磻谿伊尹佐時阿衡

鳳尾書

磻谿伊尹佐時阿衡

梁王鋒五歲善鳳尾書帝悅以玉麒麟賜之曰麒麟償鳳毛

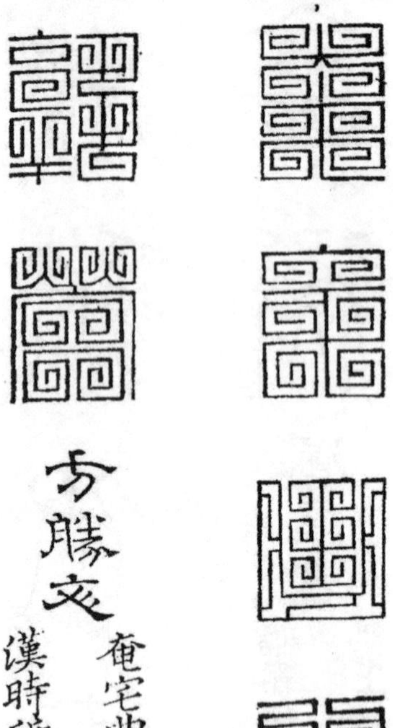

方勝文

奄宅曲阜微旦孰營

漢時所作取同心方勝書封納彩之文

金滕篆

桓公匡合濟弱扶傾

金匱也滕緘也所以藏秘書古帝王圖籍于此

碧落篆

綺田漢惠說感武丁

唐韓王元嘉子李譔作今絳州有碧落碑

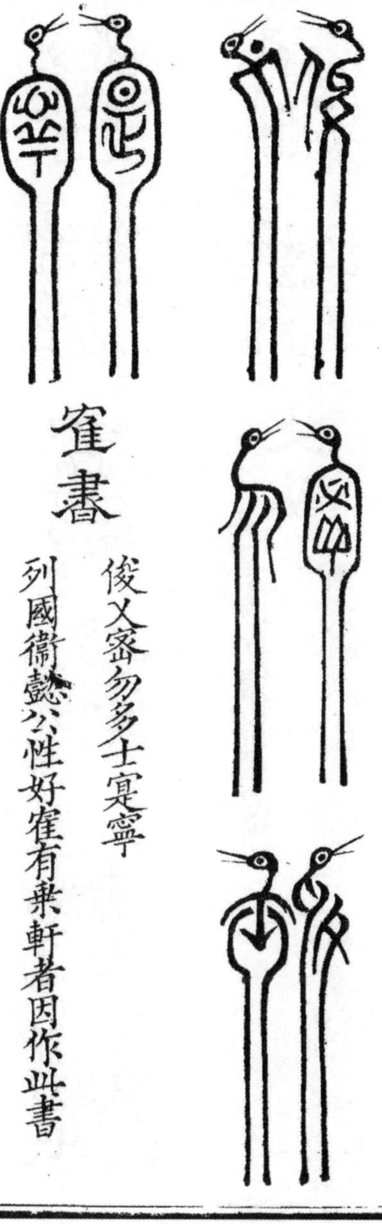

雀書

俊乂密勿多士寔寧

列國衛懿公性好雀有乘軒者因作此書

晉楚更霸趙魏

困橫

旻篆

晉楚更霸趙魏困橫

伯氏所執以驅王前故文記笏武記笈軍器是也

假途滅虢踐土

會盟

鵠頭書

假途滅虢踐土會盟

漢章帝詔版所用故漢家有尺一之簡如鵠首

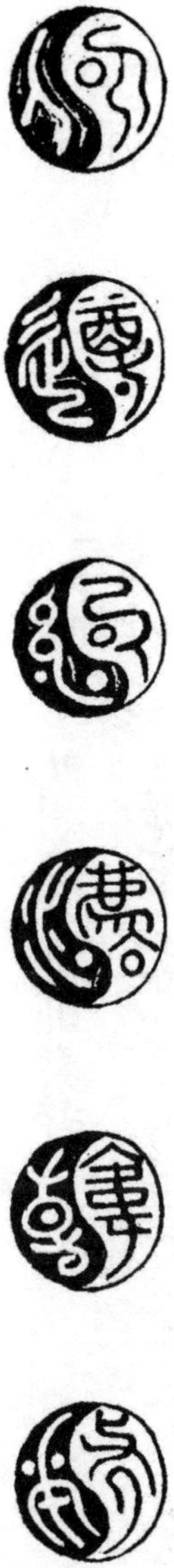
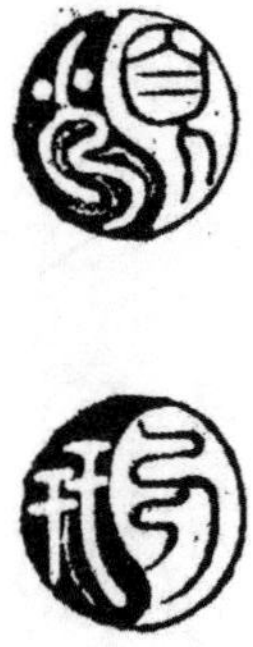

太極篆

何遵約法韓弊煩刑

漢武帝時作取奇偶之象至今圖章尤用此文

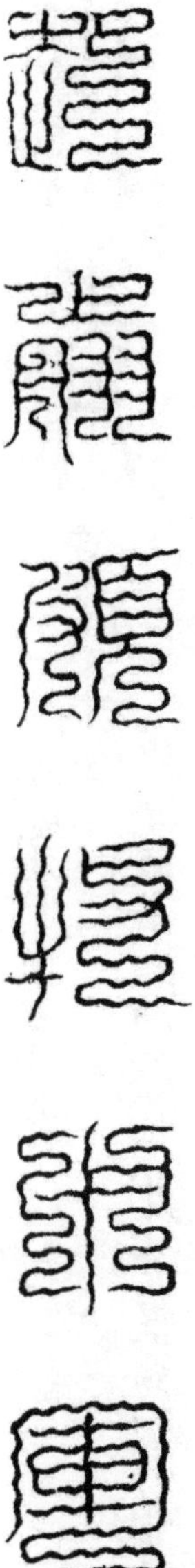
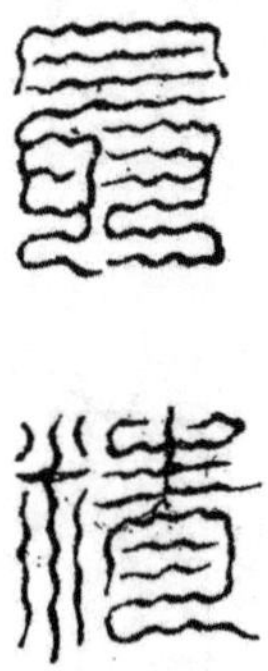

偃波篆

起翦頗牧用軍最精

宋周翰臨池學書觀水偃波而作誥下用此文

宣威沙漠馳譽
丹青

漢艸篆

宣威沙漠馳譽丹青

後漢蔡中郎因靈帝詔作聖皇篇而用此書

九州禹跡百郡
秦幷

蚊脚篆

九州禹蹟百郡秦幷

蚊脚雀頭二書皆漢詔版所用各象其形也

禹碑文

嶽宗泰代山禪主云亭

大禹治水碑立岣嶁峰巔龍文鳥篆非神禹而不能作

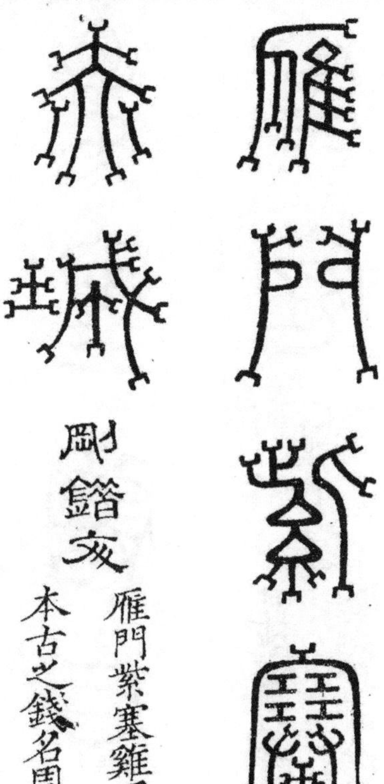

剛鋊文

雁門紫塞雞田赤城

本古之錢名周之錢府或云以銘其金石故名之

昆池碣石鉅野洞庭

鼎小篆

昆池碣石鉅野洞庭

漢武帝因汾陰得寶鼎之慶而作此書

曠遠綿邈巖岫杳冥

南山文

曠遠綿邈巖岫杳冥

武帝時有南山老人獻壽圖今稱為南山萬壽文

治本於農務茲稼穡

秦璽文

治本於農務茲稼穡

李斯篆玉璽其文相是淳古之氣未漓爵〻令人可愛

俶載南畝我藝黍稷

玉霄文

俶載南畝我藝黍稷

蒼頡首有四目通於神靈仰觀乾象而作玉霄文

稅孰貢新勸賞

黜陟

牡鐘文

稅孰貢新勸賞黜陟

七國時書田疇異畮車涂異軌衣冠異制文字異形言語異聲

孟軻敦素史

魚秉直

蕅絲文

孟軻敦素史魚秉直

唐李陽冰作此書細如藕絲因名之

庶幾中庸勞謙
謹勅

三台篆

庶幾中庸勞謙謹勅

亦司星子作因熒惑退舍其體有二法

聆音察理鑑貌
辯色

精緼文

聆音察理鑑貌辯色

明魏莊渠先生攷集古篆著書曰六書精緼文

竹書

貽厥嘉猷勉其祗植

漢壽亭侯善書常喜以硃作竹必成絶句

梅花篆

省躬譏誡寵增抗極

林和靖書法效摩詰詩中有画画中有詩今以字中有画画中有字

垂露文

殆辱近恥林皋幸即

漢扶風曹喜所作攷壽亭侯書法亦有此體

斜疊篆

兩疏見機解組誰逼

亦漢時名人所作因其書體兩分故曰斜疊

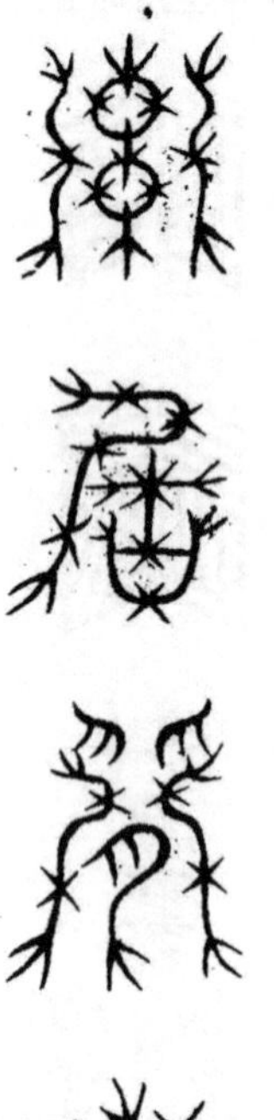

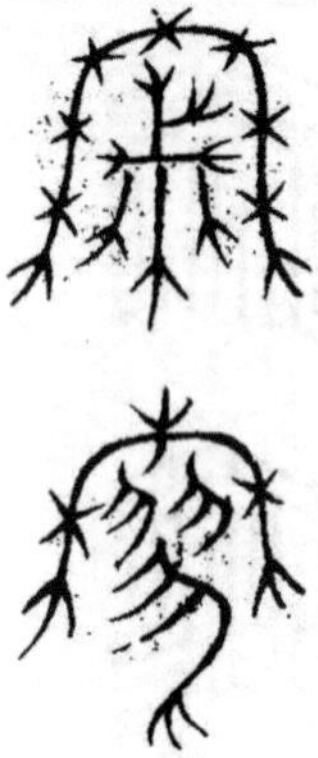

龍爪篆

索居閑處沉默寂寥

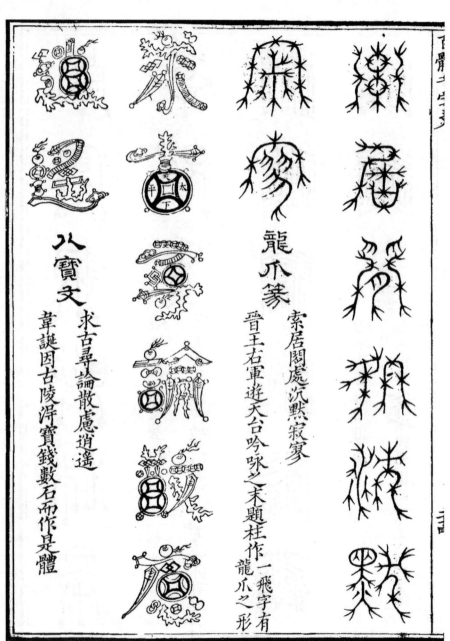

晉王右軍遊天台吟咏之末題柱作一飛字有龍爪之形

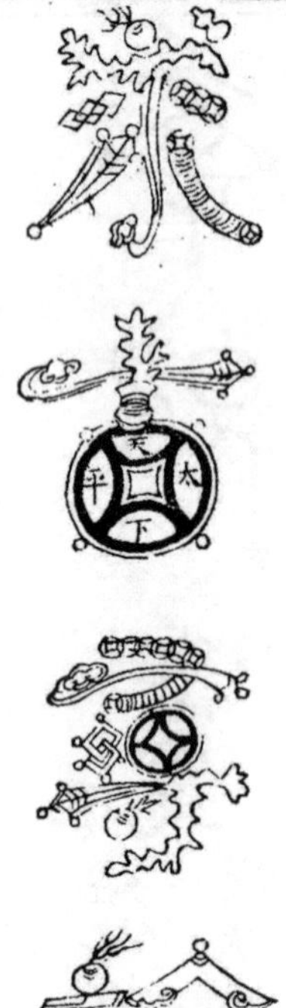

八寶文

求古尋論散慮逍遙

韋誕因古陵淂寶錢數石而作是體

飛白篆

欣逢累遣慽謝歡招

蔡伯喈靈帝詔進鴻都門見役人以帚成字而作

摹印紅文

渠荷的歷園莽抽條

大司空甄豐定古文書法名曰摹印紅文

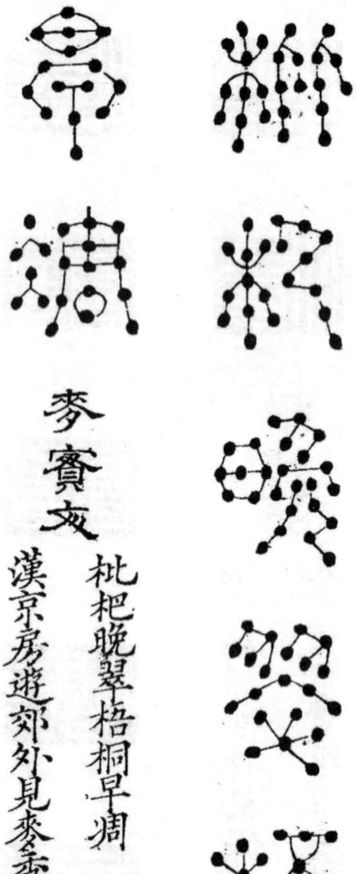

麥賓文

枇杷晚翠梧桐早凋

漢京房遊郊外見麥秀而作此文

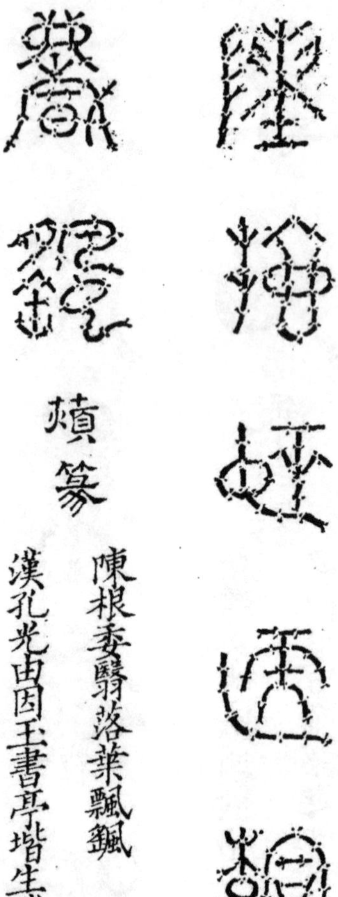

穎篆

陳根委翳落葉飄颻

漢孔光由因王書亭皆生瑞艸而作

遊鶡獨運凌摩絳霄

槲葉文

遊鶡獨運凌摩絳霄

宋楊億年十一歲為童子時遊谿澗見槲葉而作

躭讀翫市寓目囊箱

元艸篆

躭讀翫市寓目囊箱

明趙凡夫徐雪厂咸善其體運筆頗類篆書

易輶攸畏屬耳垣牆

鈙股篆

易輶攸畏屬耳垣牆

漢杜林於西州得漆書竝古文尚書篆如鈙股

具膳飡飯適口充腸

正叠篆

具膳飡飯適口充腸

是體亦前漢所作與方叠文運筆相似

飽飫烹宰饑厭

糟糠

柏子文

飽飫烹宰饑厭糟糠

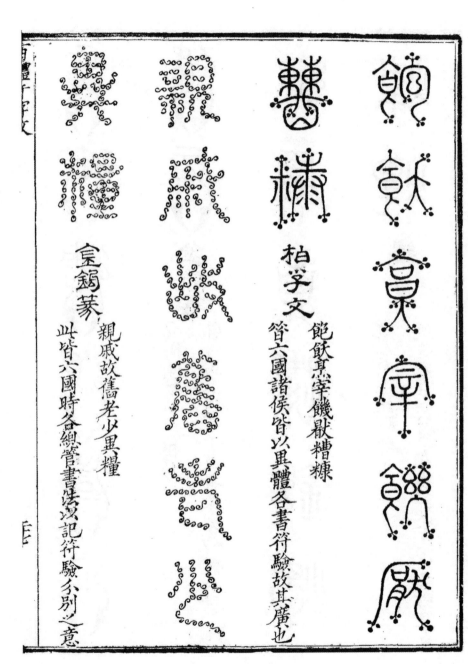

昔六國諸侯皆以異體各書符驗故其廣也

親戚故舊

老少

異糧

垂鈎篆

親戚故舊老少異糧

此皆六國時各總管書法以記符驗分別之意

妾御績紡侍巾

帷房 金剪書

妾御績紡侍巾帷房

唐司馬承禎字子微善篆別為一體名曰金剪書

紈扇員潔銀燭

煒煌 繆書

紈扇員潔銀燭煒煌

甄豐定古文六體一古文二奇字三佐書四繆書

晝眠夕寐藍筍象牀

香煙文

李商隱倣上古書法依類象形為之文其後形
聲相益爲之字

絃歌酒宴接盃舉觴

靈芝篆

赤松子隱居終南石室以此書法傳道德千言

矯手頓足悅豫且康

木簡文

矯手頓足悅豫且康

唐柳公權書法取正心誠意體飭夫子之餚

嫡後嗣續祭祀烝嘗

迴鸞篆

嫡後嗣續祭祀蒸嘗

史佚作上古之書或因艸木鳥獸龍魚飛舞之形而成其文

稽顙再拜悚懼

恐惶

銕線文

稽顙再拜悚懼恐惶

漢章帝時扶風曹喜作其筆勢硬若銕線故名之

牋牒簡要顧答

審詳

急就章

牋牒簡要顧答審詳

漢霍去病馬援均於馬上作露布急就之章

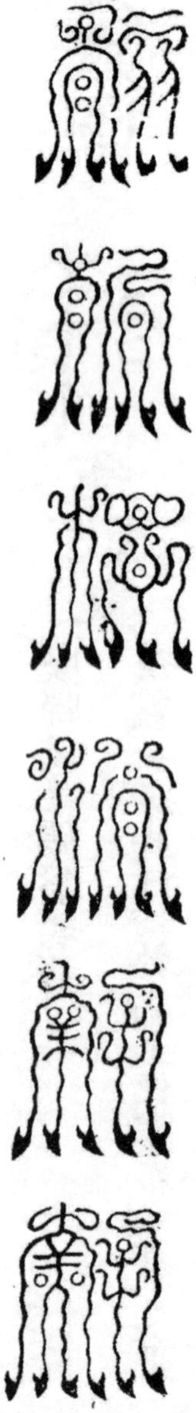

流金文

歊垢想浴執熱願涼

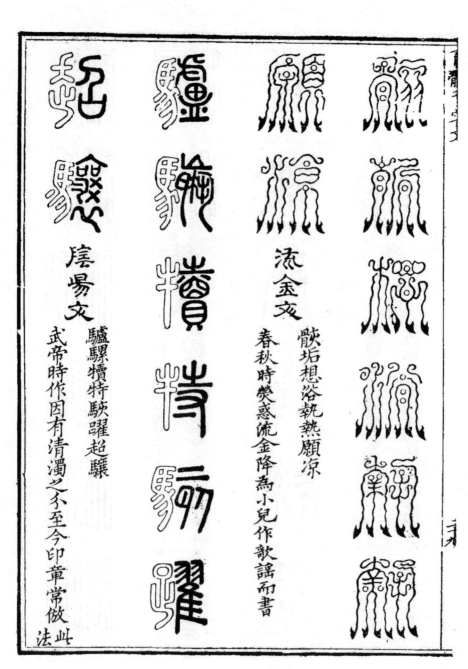

春秋時熒惑流金降為小兒作歌謠而書

侌昜文

驢騾犢特駃躍超驤

武帝時作因有清濁之分至今印章常倣此法

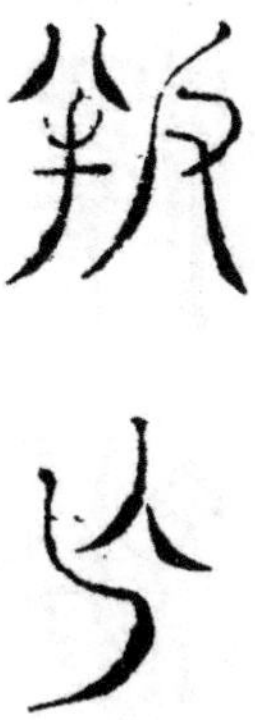

柳葉篆

誅斬賊盜捕獲叛亾

衛瓘三岳攻書善于諸體筆勢明勁人莫能學

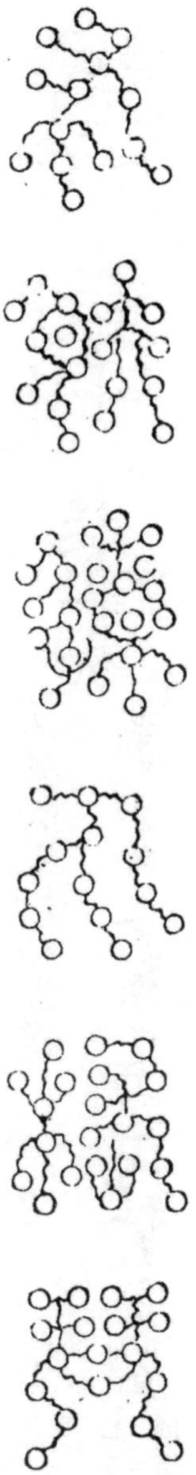

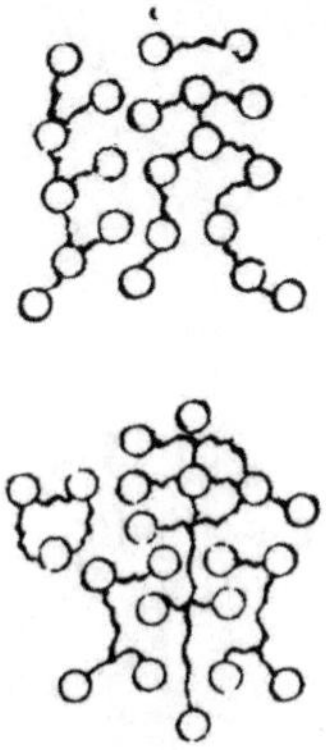

星斗篆

布射遼丸嵇琴阮嘯

朱襄氏所作其運筆勢纍纍如星落匕似列連珠之狀

恬筆倫紙鈞巧
任鈞

兲書云篆

恬筆倫紙鈞巧任鈞

雲篆者書之至尊建文章之祖太上高真玉清所用

釋紛利俗並皆
佳妙

金錯刀

釋紛利俗並皆佳妙

晉阮籍買刀布即古之錢名以黃金錯其文也

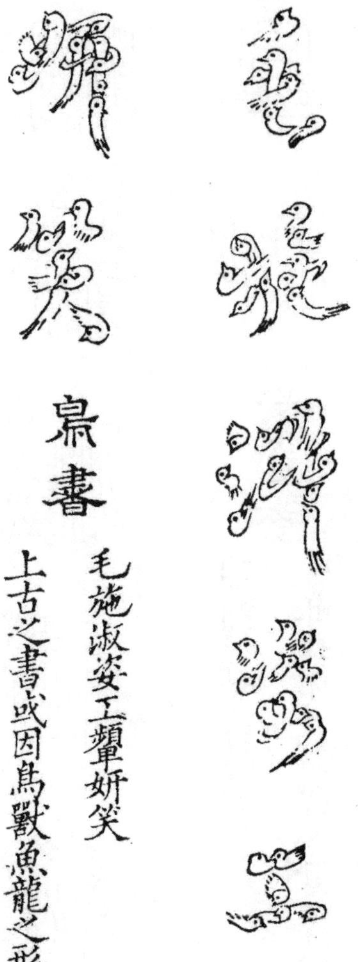

鳥書

毛施淑姿工顰妍笑

上古之書或因鳥獸魚龍之形而成其字

古鳥跡

年矢每催曦暉朗耀

蒼頡觀獸蹄鳥跡之形而作字此體上古之法

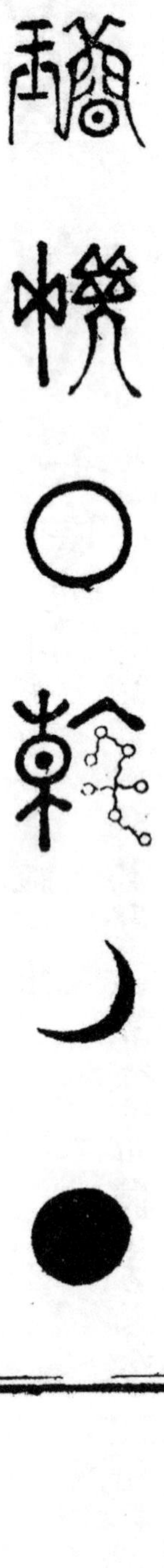

象形文

璇璣圓斡晦魄環照

蒼頡定六體依類象形謂之文其後形聲相益謂之字

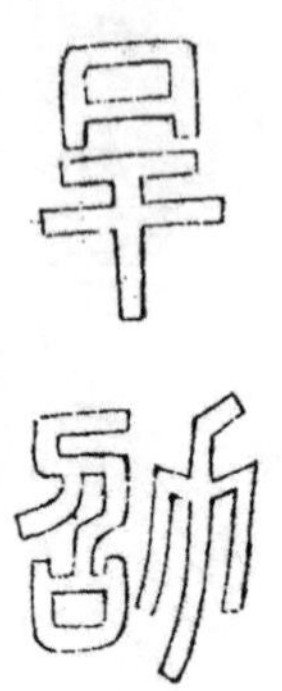

罘罳篆

指新修祜永綏吉劭

唐蘇勗作其體如織絲之浮虛用於簾屏之間

矩步引領俯仰

廊廟

玉筯篆

矩步引領俯仰廊廟

唐李陽冰飾李斯之法勢若玉筯稱為書中虎

束帶矜莊徘徊

瞻眺

清濁篆

束帶矜莊徘徊瞻眺

晉杜伯仰觀俯察得天清地濁之形而作

孤陋寡聞愚蒙
等誚

開元文

孤陋寡聞愚蒙等誚
開元時製皆聖賢之書之寓誠而玩之如見古人

謂語助者焉哉
乎也

九疊篆

謂語助者焉哉乎也
秦李斯篆法之神為傳國之偉寶真萬世之法式也

名公先生贈言　前後不次

俞陳琛

閉戶先生舊有名文孫鍾武盛家聲五湖烟景扁舟滿三徑芸窗萬卷盈書體獨工倉頡秘丹青更擅愷之精鳳凰山下玄亭在問字人過酒細傾

又　顧豹文

筆補乾坤又幾年胸中蝌蚪得先天文成內典千秋法學紹高踪八則賢泰漢自留朱篆古清明相接筆峰妍鳳凰居近三山麗秘笈應從道者傳

又　葉芳藹

碩德高風鳳里傳翛然市隱迴塵緣著書自比無功樂潑墨能兼周昉妍問字玄亭滿戶屨尋芳緣野泛湖船襟期洒落應難似共道當年李謫仙

又　　嚴曾榮

秋風颯颯動悲笳誰泛星河八月槎書幌筆牀飛翰墨菊籬桂
圃隱烟霞小窗燈火潮聲急明月蘆花鴈影斜漫向西泠尋處
士蘇門後裔自堪誇

又　　滕越

鳳里先生久著名家藏萬卷未爲貧書工籀史稱奇絕画玅僧
繇待點精我本無心辭軒冕多緣自分作閒人鱸魚雖道吳江
好夢繞西湖風月清

又　　雪崖浣思

周彝商鼎辨尋常好古躭奇貯錦囊遺世豈同王次仲精心不
讓蔡中郎虎丘花月差堪賞鳳里田廬原未荒蘭譜漆膠能有
幾客星何日返錢塘

贈言　吳綺

揮毫豈是羨蟲魚鴻寶能窺二酉書當日汝南名久重此時長孺譽非虛探奇已得開金簡好古應教過石渠莫更玄亭重載酒從今欲詣樂安居

又　張潮

卜築錢江傍鳳山門前五柳水潺湲著書談道渾無事樂聖啣盃晝掩關　門庭詩禮舊名家載酒玄亭問字賒鳥跡蟲文千字集應知此日有侯巴

又　趙三烈

蘇門長嘯是前身喜與吳趨梅福隣八法六書精玅楷居然頡籀有功臣　鳳皇山下讀書臺明月空階自去來共羨聲名冠梓里豈教坐老濟川才

又　吳彥芳

道法本無二宗傳有異殊變看如易理學可鑑人愚夢得生花筆胸羅博古圖文章千載事贊述自吾徒

又　高簡

書法妙崇古探奇入聖源體殊稽鳥跡筆聳擬龍蟠秘得軒轅學能通變化門芸窗披卷牘高興與君論

又　曹林

不登名士籍風雅自駸駸鄴架圖書古楊亭筆墨深問交山有約混跡市無心他日五湖上扁舟何處尋

又　金大成

孫子多才藝工書復不羣龜魚金剪體龍馬玉篇文樂圃青岡迥香谿碧水分遥思高隱處矯首望松雲

古風　　顧年

天地有道寶始夲自渾噩一畫洩其靈奥秘從此鑿河洛出圖書開闢文字作頡籀㪉篆書劈畫權輿拓名山與大川侵蝕殆剝落後人多好新古夲罔知覺錢江孫鳳翁讀書鄙簡略寢食與古典微奥豁然擴採緝百種餘千字文斟酌手錄勒成書儒林奉柬約匪惟頡功臣爰以資後學卓哉史館才褒除賁丘壑

又　　馮遵京

我聞一畫開文字三墳五典從兹始千百年來書法荒豈知古學富如此吳門鳳翁眞奇絕六書直欲追倉頡紙上忽然雲霧開腕間乍見龍蛇出上窮星斗下魚鳥點畫縱橫臻神妙令我一閱一問奇不數楊雄與程邈名山自古藏異書彪炳縹緗推大儒河圖龍馬今見之願酬一字一驪珠

又調滿江紅　周岱雲

鳳里先生喜茂苑喬居逆旅美才華丰致軒軒霞舉桃上圖書件金石牀頭蝌蚪忘寒暑酝千文八法辨毫芒誰堪語　暮飲酒棹河渚思放鶴泛孤嶼念世態浮沉頭顱如許數尺魚竿棲北郭一盤棋局游東墅更何時把手嘯湖山吾與汝

又調賀新凉　王廷樞

僕閱人多矣書生尋章摘句大雅能幾海內人龍指誰屈尚賴西泠有子燃藜火研心圖史脫屣榮華甘淡泊躭隱逸寄跡吳趣里長傲世飲醇醴　赤字綠文陳方几細鑽求黃農虞夏斷碑殘壘更擅虎頭神妙手眼見庸流無比應消受氷心雪骨百尺樓頭常獨臥笑塵埃鹿鹿何時止頻引滿爲知巳

ISBN 978-7-5010-8504-0

9 787501 085040 >

定價：90.00圓